Emilia Romagna

Daniela Guaiti

LA GRANDE CUCINA REGIONALE ITALIANA

Emilia Romagna

GRIBAUDO

LA GRANDE CUCINA REGIONALE ITALIANA
EMILIA-ROMAGNA

Testi: Daniela Guaiti
Fotografie: Vincenzo Lonati,
tranne pp. 6, 10-11, 13-17, 19, 21, 23-25, fotografie di copertina in alto (Shutterstock Images)
Illustrazioni: Irene Tonin, Marta Tonin
Impaginazione: Filtroblu (VR), Monica Priante

Si ringraziano per la collaborazione: Maria Biffi, André Wadoux

Redazione Edizioni Gribaudo
Via Garofoli, 262 - San Giovanni Lupatoto (VR)
tel. 045 6152479 fax 045 6152440
e-mail: redazione@gribaudo.it

Responsabile iniziative speciali: Massimo Pellegrino
Responsabile editoriale: Franco Busti
Responsabile di redazione: Laura Rapelli
Redazione: Sara Sorio
Responsabile grafico e progetto grafico: Monica Priante
Fotolito e prestampa: Federico Cavallon, Fabio Compri
Segreteria di redazione: Daniela Albertini

Stampa: Arti Grafiche DIAL - Mondovì (CN)

Via Natale Battaglia, 12 - 20127 Milano
e-mail: info@gribaudo.it
www.edizionigribaudo.it

Prima edizione 2010 [2(M)] 978-88-7906-834-5

Sommario

La cucina della festa

Sapore e allegria: in Emilia e in Romagna la cucina si veste sempre a festa.

«"Vorrei mangiare qualcosa".
"Abbiamo del maiale arrosto tenerino, del cotechino freddo squisito."
"E prosciutto?"
"Prosciutto no; abbiamo del Culatello."
Nel nome di questa carne salata Quirico poteva rinnovar conoscenza colla ridanciana e salace e cordiale Emilia, grande allevatrice e macellatrice di suini». (Riccardo Bacchelli, *Il Mulino del Po*)

Ridanciana, salace e cordiale: tre aggettivi che ben dipingono il ritratto della gente emiliana e della sua cucina. Non c'è dubbio che questa sia una cucina allegra, ricca com'è di piatti dal profumo di festa, da gustare in compagnia: tortellini e lasagne, anolini e tagliatelle, ragù e zamponi. Piatti davvero salaci, fatti di ingredienti colmi di sapore, così come i salumi, i formaggi, la frutta e gli ortaggi della regione. E poi la cordialità: davanti a un bicchiere di Lambrusco e a un tagliere di affettati non si può non essere cordiali. Altrettanto gioviale e gustosa è la cucina romagnola, che sostituisce all'opulenza emiliana una semplicità fatta di tratti puliti e di linee essenziali: dalla piadina al brodetto, dai passatelli ai garganelli, la tavola in Romagna è frutto di piccoli gesti e di antico amore.

LA GEOGRAFIA DEL GUSTO

Quando incontrate
la cucina emiliana
fate una riverenza,
perché se la merita.

Pellegrino Artusi

N
E
S
O
osciutto di Parma
Carpi
Ferrara
Coppia Ferrarese
Grana Padano
Lambrusco
Reno
gio Emilia
Modena
Comacchio
Asparago Verde di Altedo
Aceto Balsamico adizionale di Modena
Mortadella Bologna
Albana di Romagna
Bologna
armigiano Reggiano
Panaro
Ravenna
Trebbiano di Romagna
Imola
Marrone di Castel del Rio
Faenza
Milano Marittima
Cervia
Cesenatico
Porretta Terme
Castel del Rio
Olio Extravergine di Oliva Brisighella
Forlì
Cesena
Rimini
Santarcangelo di Romagna
Sangiovese di Romagna

La via consolare Aemilia Lepidi

Carri e cavalli, mercanti e soldati, pellegrini e briganti: lungo la Via Emilia la storia ha attraversato la pianura, seguendo un percorso rimasto immutato per secoli. Costruita nel II secolo a.C. dal console romano Emilio Lepido, la strada correva tra il Po e l'Appennino a unire Piacenza e Rimini, secondo un progetto che rispondeva a esigenze strategiche e militari, ma anche a una precisa funzione economica. Il tracciato, infatti, si sviluppava da nord-ovest a sud-est raccogliendo, una dopo l'altra, le vie naturali di collegamento tra la montagna e la pianura: le valli della Trebbia, del Taro, del Secchia o del Reno incontravano la strada consolare nei punti in cui sorsero i principali centri abitati. Alcuni di questi, come Cesena, Modena e Felsina – l'attuale Bologna – esistevano già in epoca etrusca; altri si svilupparono proprio in seguito alla costruzione della strada: Piacenza, Fidenza, Parma, Reggio, Imola, Forlì. La valenza economica di queste città era in molti casi sottolineata dal nome: *Forum Livii*, Forlì, *Forum Popilii*, Forlimpopoli, *Forum Cornelii*, Imola, erano città-mercato, *fora* in latino, dove, come negli altri centri lungo la via, le merci provenienti dall'Appennino e dal centro-sud d'Italia venivano scambiate con quelle della pianura e di tutto il nord.

La Via Emilia ha mantenuto nel tempo la sua funzione di cerniera tra nord e sud e ha lasciato un'impronta duratura sul territorio di tutta la Regione: le città conservarono anche in età medievale una vivacità di scambi commerciali e culturali che le mantenne autonome. Molti di questi centri furono nell'età delle Signorie capitali di Stato, governate da una

Il Castello Estense a Ferrara: l'epoca d'oro delle Signorie ha lasciato il segno anche nella gastronomia regionale.

nobiltà spesso collegata alle grandi corti europee. Nei ducati di Modena e Reggio e di Parma e Piacenza, nella Bologna dei Bentivoglio come nella Rimini dei Malatesta, ma anche, al di fuori del tracciato della Via Emilia, a Ferrara e a Ravenna, nacque una cucina alimentata da un territorio fertile e ricco d'acqua, dall'incessante attività dei mercati e dalla cultura gastronomica delle corti: una cucina sontuosa era parte infatti della gara di sfarzo e potenza giocata tra le dinastie rinascimentali. In Emilia Romagna lo spirito di competizione culinaria tra città vicine e spesso rivali si è trasformato nel tempo in una particolare forma di campanilismo gastronomico che dura tuttora. Così Modena e Bologna si contendono la paternità dei tortellini, mentre quella del formaggio forse più famoso d'Italia è stata a lungo oggetto di disputa tra Parma e Reggio. Testimonianza di questo orgoglio sono anche le innumerevoli varianti locali in cui uno stesso piatto viene preparato, interpretato secondo un'identità culturale e territoriale radicata da secoli.

Forse il segreto della ricchezza gastronomica dell'Emilia-Romagna è racchiuso qui, in questo antico, lunghissimo mercato, luogo di un millenario incontro di sapori.

Una veduta di Piazza Maggiore a Bologna.

La Via Emilia oggi

Vere e proprie vetrine di sapori sono tuttora le città che sorgono lungo la Via Emilia, che ancora oggi segue il percorso dell'antica via consolare. Come un tempo, in questi centri si possono assaporare piatti che riassumono il gusto dei prodotti delle campagne circostanti e quello dei frutti di territori più lontani.

Da Piacenza a Parma: le terre dei salumi

A Piacenza, appena varcato il confine con la Lombardia, confluiscono suggestioni padane e profumi della collina e della montagna, giunti in pianura lungo le valli della Trebbia e del Nure. Qui, nel Piacentino, accanto alle classiche paste ripiene della tradizione emiliana, c'è spazio anche per il riso, nella ricca "bomba", farcita di piccione, o nella torta alla bobbiese, con Parmigiano-Reggiano e funghi secchi. Tra i primi vanno ricordati anche i semplici pisarei coi fasò, gnocchetti di tradizione contadina. Altrettanto vario è il panorama dei secondi, che abbraccia carni di ogni tipo, dall'agnello al manzo, dalla selvaggina al cavallo. E poi i salumi, immancabile apertura di ogni pasto, incontestabile simbolo di qualità: Coppa, Pancetta e Salame, tutti rigorosamente DOP, sono noti da secoli per una eccellenza dovuta all'accuratezza della lavorazione oltre che alle caratteristiche naturali del territorio. L'allevamento suino è da sempre praticato nella zona, inserito in un contesto agricolo fiorente: al di là dei prodotti riconosciuti dal marchio di tutela, la tradizione locale offre gustose specialità come il fiocchetto, il culatello e il "cappello del prete".
La "strada dei salumi" prosegue verso Parma: Zibello, insieme ad altri sette Comuni sulla riva destra del Po, è la patria del Culatello. Ottenuto dalla parte centrale della coscia, la più pregiata, il Culatello di Zibello DOP è davvero eccezionale: delicato e saporito, seppe suscitare l'entusiasmo di un vero intenditore del buon vivere, Gabriele D'Annunzio, che nel 1891 scriveva a un amico: «Io sono un cupidissimo amatore del parmense Culatello (con una T o con due?). Esausto dalla malin-

conia operosa, dianzi sentivo i morsi della fame... Mentre gridavo non senza ferocia: "Subito, subito, subito tre fette di culat(t)ello!" la donna appariva co' tuoi pacchi preziosi. Il più grande aveva la forma conica della compatta cosa di fibra rossa e salata».

E ammirazione possono suscitare anche gli altri salumi della provincia di Parma, dalla spalla cotta di San Secondo al fiocchetto, fino al celebrato Prosciutto di Parma, passando attraverso i tanti tipi di salame: il salame gentile, il crespone, la mariola cruda (quella cotta è una sorta di cotechino), lo strolghino di culatello e il salame di Felino, il più famoso: carne magra e grasso, poco sale, pepe in grani, una goccia di vino bianco, clima asciutto e correnti di aria fresche sono gli ingredienti che rendono unico questo prodotto.

Ma la fama gastronomica di Parma non è legata solo ai salumi: bandiera del territorio nel mondo è il Parmigiano-Reggiano, cui si affiancano i piatti di una tavola principesca. Stracotti, trippa, rognoni, anolini, ravioli, gnocchi e verdure, tutto "alla parmigiana", sono elementi di un menu che si arricchisce dei sapori del vicino Appennino: tartufi, cacciagione, piccoli frutti, castagne e soprattutto funghi. I porcini raccolti a Borgotaro, al confine con la Toscana e la Liguria, sono celebri fin dal Medioevo: una fama di qualità che oggi trova conferma nell'attribuzione del marchio IGP.

Il gustoso Culatello di Zibello DOP durante la fase della stagionatura.

Da Reggio Emilia: l'aroma balsamico dell'aceto

Il contributo della collina e della montagna arricchisce anche la cucina reggiana: i funghi e i tartufi del Cerreto e della valle del Secchia, il pecorino dell'Alto Appennino Reggiano, la polenta di castagne e, scendendo verso Canossa, i salumi, come la pancetta canusina e lo zuccotto di Bismantova. La pianura è il regno del Parmigiano-Reggiano, ma non solo: le carni, il pesce di fiume, le paste e i salumi sono il dono di una terra vasta e solenne che al fascino del paesaggio unisce una generosa fertilità. E la pianura si estende sempre uguale tra Reggio e Modena, città divise da una fiera rivalità, ma legate da un comune percorso storico e da una grande affinità di sapori, a partire da quello dell'Aceto Balsamico. Tutelati da due distinte DOP, l'Aceto Balsamico Tradizionale di Modena e l'Aceto Balsamico Tradizionale di Reggio Emilia sono eredi di una tradizione secolare, che affonda le sue radici nell'usanza romana di utilizzare come condimento la "sapa", il mosto concentrato. Se nel Medioevo era considerato un farmaco, in età rinascimentale l'aceto balsamico era un prodotto nobile, destinato alla mensa dei sovrani; ancora nell'Ottocento era tanto prezioso da entrare a far parte della dote delle spose altolocate. E l'aceto balsamico è tuttora di grande attualità, preparato in entrambe le versioni secondo le antiche ricette, con una lavorazione lenta e paziente, fatta di continui travasi e di tempo: gli aceti più pregiati invecchiano per oltre 25 anni nelle botti prima di arrivare in tavola, densi, scuri e intensamente aromatici.

L'aceto balsamico tradizionale, un prodotto tanto prezioso da comparire sulle tavole dei sovrani e nelle doti delle spose.

La passione per le paste ripiene è presente in entrambe le città: a Reggio prende la forma dei cappelletti, affiancati da tortelli farciti di zucca, di spinaci o di patate; a Modena quella dei tortellini, oltre che dei cannelloni e dei tortelloni di ricotta. Così lo gnocco fritto appartiene alla tradizione dell'una e dell'altra.

La gara gastronomica tra le due capitali del gusto continua con i dolci: se Reggio propone la spongata e il biscione, Modena risponde con la torta bonissima e con la torta Barozzi.

Ma il vanto di Modena sono soprattutto i salumi: il Prosciutto di Modena DOP, sapido ma delicato, viene prodotto sulle colline circostanti la valle del Panaro, in un territorio che si estende in parte anche alle province di Reggio e di Bologna; il Cotechino Modena IGP e lo Zampone Modena IGP si preparano in tutta la regione, ma le origini dei due insaccati sono squisitamente modenesi: la tradizione vuole che entrambi siano nati nel 1511 a Mirandola, quando gli abitanti della cittadella, assediata dalle truppe di Papa Giulio II, iniziarono a insaccare le carni persino nella zampa del maiale.

Bologna, la Grassa

La funzione di mercato comune alle città sorte lungo la Via Emilia trovò un nuovo impulso nella Bologna medievale grazie alla presenza dell'Università: luogo d'incontro di tradizioni diverse e di differenti culture, Bologna era all'epoca città cosmopolita, crocevia di scambi e centro di abbondanza e benessere. Non a caso l'appellativo "la dotta" si accompagnava e si accompagna al soprannome "la grassa", che richiama la ricca offerta gastronomica e la generosa ospitalità bolognese. Le osterie e le locande, che già nel XIII secolo si contavano a decine intorno allo *Studium*, sono ancora oggi simbolo di una città opulenta e "grassa". In questi locali, così come nelle "pizzicherie" e nelle botteghe, la buona cucina è di casa. Le specialità di Bologna sono famose nel mondo, tanto che l'espressione "alla bolognese" compare nei menu dei ristoranti di tutta Europa, e non solo, a indicare una versione internazionale dei piatti più tradizionali. Ma è solo qui, nella città che della gastronomia ha fatto la sua bandiera, che si possono gustare i veri tortellini, le vere lasagne, le vere tagliatelle e il vero, autentico ragù alla bolognese. Se i primi piatti, le cui ricette sono gelosamente custodite nelle tradizioni familiari, sono i più amati, celebrati e imitati, i secondi non sono meno gustosi: i grandiosi bolliti misti, i variegati fritti, il polpettone, le cotolette e la trippa si accompagnano a salse e contorni di verdure, come il celebre friggione, a base di cipolle e pomodori.

La città di Bologna è indissolubilmente legata alla pasta all'uovo e ai tortellini.

La Mortadella Bologna, un prodotto ormai conosciuto a livello internazionale.

E ancora il nome della città è per molti sinonimo di mortadella: la "Bologna", come viene spesso chiamata la Mortadella Bologna IGP, viene prodotta in un ampio territorio che si estende non solo a tutta l'Emilia Romagna, ma anche ad altre regioni del Centro-Nord. Il cuore della tradizione rimane però nella zona di origine, dove già nel XIII secolo la *Societas Salarolorum*, la corporazione dei Salumieri bolognesi, fissava regole precise per gli artigiani: lo stemma dei Salaroli raffigurava gli strumenti indispensabili per macinare la carne di maiale, pestello e mortaio; e proprio da quest'ultimo sembra derivare il nome "mortadella".

Allontanandosi dalla città, le campagne ospitano, accanto all'allevamento, orti e frutteti, da cui provengono prodotti di qualità come l'Asparago verde di Altedo IGP e la Pera dell'Emilia-Romagna IGP. Ma è procedendo verso Sud-Est, in direzione di Imola, che si inizia a respirare aria di Romagna e ad assistere al progressivo affermarsi delle colture ortofrutticole.

Da Imola a Rimini: i sapori di Romagna

L'ultimo tratto della Via Emilia corre attraverso la Romagna, portando sempre più vicino al mare. A Imola, poco lontano dal confine tra le due regioni storiche, la gastronomia si colora dei toni più pacati della cucina romagnola: garganelli e piadina, squacquerone e carni ovine anticipano i sapori di una terra sospesa tra l'Appennino e l'Adriatico. Sapori semplici e caldi, legati a un'identità culturale autonoma e a un ambiente addolcito dall'influenza marina.

Legata alle sorti dell'Impero Romano d'Oriente e dell'Esarcato di Ravenna, questa terra mantenne a lungo l'eredità del mondo romano, che le valse il nome di *Romania*. In età medievale i principali centri divennero Comuni indipendenti e poi Signorie, controllate da famiglie quali gli Ordelaffi a Forlì, i Da Polenta a Ravenna e i Malatesta a Rimini, spesso in contrasto tra loro.

Nel XVI secolo il territorio venne stabilmente annesso allo Stato della Chiesa, ma le lotte tra città e fazioni rivali non cessarono, da un lato ostacolando lo sviluppo economico e dall'altro accentuando l'attaccamento alle tradizioni locali.

In Romagna si coltivano ottime qualità di frutta e verdura.

I caratteri della gastronomia romagnola sono in parte frutto di questo passato: tratti di semplicità e di profondo legame con il territorio definiscono una cucina basata sui doni della terra e del mare, su preparazioni poco elaborate, su sapori esaltati dall'olio di oliva e delle erbe aromatiche. Il clima, che attenua gli eccessi continentali dell'Emilia, consente qui il prosperare, accanto alle vigne, di orti e frutteti e perfino uliveti. Varia e abbondante la raccolta di frutta: mele, pere, albicocche, ciliegie, fragole, ma soprattutto le rinomate Pesche e Nettarine di Romagna IGP, succose e profumate, coltivate nelle province di Ravenna, Forlì-Cesena e Bologna. Più ridotta ma di grande qualità la produzione di olio, concentrata nei territori delle due DOP Colline di Romagna e Brisighella: il primo, dall'intenso colore verde dorato e dall'aroma fruttato,

Il formaggio di fossa acquisisce il suo gusto intenso e pungente dal caratteristico metodo di stagionatura.

nasce nelle zone collinari di Forlì, Cesena e Rimini; il secondo, prodotto sui colli circostanti Faenza, proviene per la maggior parte da una varietà locale di olive, la Nostrana di Brisighella. Attività tradizionale sui colli di Romagna è anche la lavorazione del formaggio: tra i più tipici il formaggio di fossa di Sogliano al Rubicone; prodotto con latte ovino, vaccino o misto, viene stagionato nelle "fosse" scavate sotto l'abitato, secondo una pratica secolare. E tra le alture dell'Appennino Tosco-Romagnolo è radicata la tradizione, comune ad altre regioni del Centro Italia, di preparare il raviggiolo, una sorta di cagliata di latte vaccino, dal gusto fresco e burroso. Fresco, profumato di latte e cremoso è anche il prodotto sicuramente più celebre del panorama caseario romagnolo: lo squacquerone, il cui nome rivela in pieno una morbida consistenza, è l'immancabile farcia per le piadine. Proprio la piada è il simbolo della Romagna in tavola: popolarissima, consumata in tutti i locali della Riviera, era un tempo il pane dei contadini. E come sostituto del pane viene ancora oggi servita ad accompagnare i piatti caratteristici della zona. A partire dai primi: garganelli con ragù alla romagnola, cappelletti ripieni di formaggio, passatelli in brodo e altre minestre; tra le carni spiccano l'agnello, preparato in umido o alla griglia, e la selvaggina, diffusa nei boschi della fascia montana, ma non mancano le carni bovine, rappresentate dalla Razza Romagnola, tutelata all'interno dell'IGP Vitellone Bianco dell'Appennino Centrale. È però, naturalmente, il pesce il protagonista storico della cucina della costa: l'Adriatico è il mare più pescoso d'Italia e ha rappresentato una riserva alimentare fondamentale per gli abitanti del litorale. Pesci, molluschi e crostacei si preparano in tutti i modi, fritti, alla griglia, gratinati o in umido: anguilla, scorfano, palombo, merluzzo, canocchie, calamaretti, seppie, scampi, cozze e vongole sono gli ingredienti del classico brodetto, profumato di pepe e di aceto, un tempo preparato direttamente a bordo dei pescherecci di Rimini.
E a Rimini, capolinea della Via Emilia, folle di turisti giungono ogni anno per godere del mare e del sole, per immergersi nell'atmosfera festosa della città, ma anche per ritrovare il sapore genuino di una cucina ormai famosa nel mondo.

Tra Ferrara e Comacchio: una cucina da Signori

Passata Ravenna, proseguendo lungo la costa verso Nord, il paesaggio romagnolo cede il passo al Ferrarese, territorio dalla fisionomia geografica e gastronomica del tutto particolare. Buona parte della provincia è occupata dalle Valli di Comacchio, vasta area lagunare residuo dell'antico Delta del Po. Qui, in un ambiente palustre, la pesca è stata per lungo tempo la sola risorsa. Anche oggi, dopo la bonifica di gran parte della zona, le Valli di Comacchio conservano un aspetto unico, in cui le acque dolci e salate si mescolano a formare stagni e acquitrini, mentre le morbide linee della natura si alternano alle geometrie traccia-

Nelle Valli di Comacchio è molto diffusa la pesca, in particolare delle anguille.

te dall'uomo. Le "Valli Salse" offrono tuttora una riserva di pesca, ricca di cefali, orate, branzini, granchi e soprattutto anguille. Queste ultime ogni anno, alla fine dell'autunno, escono a migliaia dalle Valli per tornare al Mar dei Sargassi, unica zona conosciuta di riproduzione, e compiere il loro ciclo vitale. La pesca avviene proprio in questo momento con i tradizionali *lavorieri*, griglie che bloccano il passaggio verso il mare, imprigionando le anguille. Grigliate, arrostite, in umido o fritte, le anguille si gustano fresche, ma possono anche essere conservate in una marinata a base di aceto e aromi.

Nonostante l'estendersi delle coltivazioni nelle terre bonificate, i piatti di pesce mantengono un ruolo di primo piano nella gastronomia locale: costeggiando il Po al pesce di mare si sostituisce gradualmente quello di fiume, preparato in saor come nel confinante Veneto o cucinato secondo ricette tipiche della regione, come nel caso dello storione in umido alla ferrarese.

Ferrara: la cucina di corte

Agli Estensi, i Signori della Ferrara rinascimentale, si devono non solo le maestose architetture della città, ma anche, in larga misura, il suo patrimonio di sapori, raffinato e sostanzioso. Non a caso uno dei più grandi cuochi dell'epoca, Cristoforo da Messisbugo, visse e lavorò a questa corte.

L'eco del Rinascimento risuona oggi nell'utilizzo di noce moscata e cannella, nell'accostamento di sapori dolci e salati, come nei cappellacci di zucca, nello sfarzo di piatti elaborati, come il pasticcio di maccheroni. Ma la gastronomia di Ferrara è fatta anche di sapori semplici, come quello dei salumi e del pane: i primi sono rappresentati dalla salama da sugo, profumata di vino e di chiodi di garofano, da assaporare con il purè. Vanto della città è il pane, "il più buono del mondo" secondo Bacchelli, e forse anche il più bello, se un maestro d'arte come Giorgio De Chirico lo ha voluto ritrarre in una delle sue *piazze*: La Coppia Ferrarese IGP si presenta come un fiocco a quattro punte, formato da due nastri di pane intrecciati al centro. Fragrante e croccante, si prepara da secoli con cura e attenzione: già nel 1287 gli statuti comunali invitavano i fornai a confezionare "pani che abbiano orletti che non si abbassano quando si cuociono".

Due "star" di fama internazionale

Ci sono sapori che, non meno delle opere d'arte, delle grandi firme della moda, dei nomi illustri nella letteratura e nella cultura, sono considerati ambasciatori dell'Italia nel mondo, simbolo del *made in Italy* e del gusto italiano: tra questi sono senz'altro da annoverare il Prosciutto di Parma e il Parmigiano-Reggiano, presenti sulle tavole dei ristoranti più raffinati di ogni Paese, ovunque imitati ma mai eguagliati.

Il Prosciutto di Parma

Il sapore del Prosciutto di Parma è il frutto di particolari fattori ambientali e della cura paziente dell'uomo.

Secoli di esperienza, materie prime selezionate, un ambiente naturalmente perfetto: il Prosciutto di Parma DOP è frutto di un incrocio di fattori unici, che portano alla creazione di un prodotto altrettanto unico.
Le brezze che dal Mar Tirreno attraversano l'Appennino scendono fresche ad accarezzare le alture che dal fiume Enza si estendono fino al torrente Stirone. Qui, fino a 900 metri di altitudine, sorgono i locali di asciugatura, costruiti trasversalmente alle correnti in modo da accoglierle, per garantire la migliore aerazione naturale ai prosciutti: grandi finestre vengono aperte al momento opportuno, così da assicurare al prodotto la giusta temperatura e il giusto grado di umidità. In questi locali sono appese ad asciugare le cosce di maiale già rifilate e salate. E il sale, un tempo proveniente dai vicini centri termali, è stato storicamente un elemento essenziale per lo sviluppo di un'arte legata alla radicata presenza dell'allevamento suino nella zona. Il sale umido viene distribuito sulla cotenna, mentre le parti magre sono salate a secco. Le operazioni di salagione non si esauriscono con il primo sale, ma si ripetono, alternate a lavaggi e periodi di riposo, fino al momento dell'asciugatura. Dopo sette mesi i pro-

sciutti escono dai locali ventilati per entrare nelle cantine, dove stagioneranno, in un ambiente più fresco e meno aerato, per circa un anno. Solo dopo aver passato un attento esame, il prosciutto è pronto per ricevere il marchio a fuoco ed essere messo sul mercato, dolce e gustoso, delicato e profumato.
La tecnica di lavorazione del prosciutto è stata costruita nel tempo, probabilmente a partire dall'Età Romana, sicuramente da quando, nel Medioevo, venne costituita la Corporazione dei Beccai, i commercianti di carne suina, da cui nel 1459 si separarono i Lardaroli, gli artigiani specializzati nella macellazione e conservazione della carne di maiale.

Il Parmigiano-Reggiano

«Parmigiano è il nome che si dà a un formaggio duro apprezzato dagli Italiani che si produce nel Parmense, da dove viene trasportato in tutta Europa»: questa la definizione data a metà del Settecento dalla *Encyclopédie* di Diderot e D'Alembert, alla voce *parmesan*.
Una definizione che rende giustizia della lunga e meritata fama di un formaggio speciale, citato già da Boccaccio nel *Decameron* come simbolo dell'abbondanza nel leggendario paese di Bengodi.
La lavorazione di questo formaggio fu messa a punto dai monaci benedettini che, sulla base di una tradizione casearia ancora più antica, utilizzarono le eccedenze di latte derivate dall'incremento dell'allevamento bovino nelle terre della Bassa Pianura. La consolidata sapienza dei casari padani si perpetua oggi in una produzione limitata, secondo il disciplinare, alle province di Parma, Reggio e Modena e a parte di quelle di Bologna e di Mantova. Il Parmigiano-Reggiano DOP si prepara a partire da latte vaccino. Scaldato nei calderoni di rame, il latte viene addizionato di caglio di vitello e lasciato coagulare. La rottura della cagliata, la sedimentazione, l'estrazione della massa, che viene posta nelle fascere, e la salagione in salamoia precedono la stagionatura: i formaggi riposano per un periodo variabile da uno a tre anni, continuamente "saggiati" e sottoposti a test che ne verificano la qualità. Le grandi forme cilindriche, il cui peso oscilla tra i 24 e i 40 chilogrammi, sono identificate dal marchio impresso dalle stesse fascere, lungo lo scalzo, garanzia delle

caratteristiche uniche del prodotto. La crosta, dura, liscia e dorata, racchiude una pasta paglierina, granulosa, che si rompe in scaglie e che in bocca sprigiona un insieme complesso di note: più è stagionato, più il Parmigiano-Reggiano si fa intenso e saporito.

Il Parmigiano-Reggiano: un patrimonio della cucina italiana.

Lambrusco, Sangiovese e...

Gran parte dell'Emilia-Romagna è terra di vigneti, che si estendono sia alle regioni collinari, sia alla pianura. Per molto tempo la produzione di vino è stata legata alle esigenze del mercato, orientata più alla quantità che alla qualità.

Oggi, tuttavia, si sta compiendo un'inversione di tendenza, che porta alla valorizzazione delle tipicità locali: sacrificando in parte l'abbondanza, si ottengono vini migliori. È il caso del Lambrusco, o meglio dei vini Lambrusco DOC che, frutto di un vitigno altamente produttivo, si stanno liberando della fama di prodotto di scarso pregio, destinato al largo consumo.

Tra Modena e Reggio nascono oggi vini freschi e spumeggianti, profumati e briosi, ideali per accompagnare i salumi e i primi piatti della zona, ma anche i ricchi bolliti completati da cotechini e zamponi.

Ugualmente "rinato" è il Sangiovese di Romagna DOC, a lungo considerato un vino poco interessante, soprattutto se paragonato alle produzioni toscane provenienti dallo stesso vitigno: pur conservando le proprie caratteristiche di gioviale schiettezza, il Sangiovese può rivelare all'assaggio i toni caldi e strutturati tipici dei grandi vini. Per questo lo si scopre sempre più come un prodotto adatto a un largo ventaglio di abbinamenti, che abbraccia i brodetti e i piatti di mare insieme alle paste ripiene, alle carni e ai formaggi.

Vini, insaccati, pasta all'uovo: i prodotti dell'Emilia-Romagna sono un trionfo di sapore.

Tra i grandi nomi della Regione non possono mancare il Trebbiano di Romagna DOC e l'Albana di Romagna: quest'ultimo, il primo vino bianco ad aver ottenuto la DOCG, proviene dall'omonimo vitigno, coltivato da Bologna fino al mare. Dorato, fragrante e fruttato, si sposa con tutto il pesce dell'Adriatico, ma nelle versioni Dolce e Passito si rivela ideale per accompagnare i formaggi e la pasticceria.
La varietà di climi e di terreni della Regione consente un'altrettanto ricca varietà nella produzione vinicola che, accanto alle tipologie più famose, vede la presenza di vini dalla radicata identità territoriale. Sui Colli Piacentini dominano i rossi, Barbera, Bonarda e il fruttato Gutturnio, ma non mancano i bianchi profumati come la Malvasia e l'Ortrugo. Barbera e Bonarda si ritrovano sui Colli di Parma, mentre i Colli Bolognesi danno vita a un armonico Cabernet Sauvignon, a un elegante Chardonnay e al particolare Pignoletto, un bianco fresco e delicato. E l'elenco dei vini emiliani e romagnoli potrebbe continuare, a confermare ancora una volta la sorprendente generosità di questa terra.

Sangiovese e Lambrusco hanno ormai raggiunto livelli di qualità elevati.

Le ricette

NOTA: molte ricette della cucina regionale italiana si presentano con varianti tradizionali; in questi casi, poiché non esiste una "ricetta originale", si è scelta di volta in volta la versione ritenuta più rappresentativa.
Se non diversamente specificato, le dosi degli ingredienti sono calcolate per 4 persone.

INGREDIENTI: 500 g di **bianchetti**, il **succo** di 1/2 **limone**, **olio extravergine di oliva**, **sale**, **pepe**

Bianchetti al cartoccio

Sciacquate delicatamente i bianchetti e asciugateli tamponandoli con un canovaccio pulito; raccoglieteli in una ciotola, conditeli con il succo del limone, un filo di olio, sale, pepe e suddivideteli in 4 porzioni. Avvolgete ogni porzione in un foglio di alluminio per alimenti e cuoceteli per 5 minuti in forno già caldo a 180 °C. Sfornate, aprite i cartocci e servite.

TEMPO DI PREPARAZIONE:
10 minuti

DIFFICOLTÀ:
bassa

ABBINAMENTO CONSIGLIATO:
Colli Piacentini Ortrugo
di Azienda Vitivinicola Lusenti (PC)

In Romagna i bianchetti, gli avannotti, vengono chiamati "uomini nudi". Oltre che al cartoccio, si servono in frittelle e in frittata.

INGREDIENTI PER 6 PERSONE

PER LA PASTA: 400 g di **farina**, 1 cucchiaio di **strutto**, **sale**;
PER IL RIPIENO: 1,5 kg di **spinaci** e **bietole**, 200 g di **pancetta**, 3 **cipollotti**, 1 spicchio di **aglio**, **pangrattato**, **Parmigiano-Reggiano** grattugiato, **olio extravergine di oliva**, **sale**, **pepe**

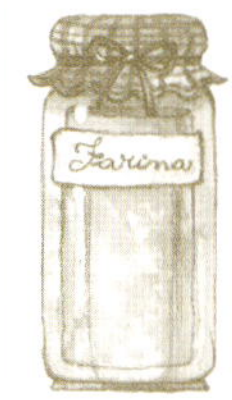

Erbazzone

Preparate il ripieno: mondate e lavate gli spinaci e le bietole, quindi lessateli in poca acqua leggermente salata; scolateli, lasciateli intiepidire, strizzateli e tritateli. Tritate la pancetta e ponetela a rosolare in una padella con un filo di olio, insieme con i cipollotti tritati e l'aglio schiacciato; quando il tutto sarà imbiondito, aggiungete gli spinaci e le bietole, salate, pepate e lasciate insaporire per qualche minuto. Togliete dal fuoco e aggiungete 2 cucchiai di pangrattato e abbondante Parmigiano-Reggiano grattugiato. Preparate la pasta, lavorando la farina con lo strutto e con tanta acqua tiepida leggermente salata quanta ne occorre per ottenere un composto liscio ed elastico. Stendetela in modo da ottenere due dischi, uno molto sottile, del diametro di circa 26 cm, l'altro più grande e leggermente più spesso.
Ungete d'olio uno stampo rotondo di 26 cm di diametro, foderatelo con il disco più grande, lasciando debordare la pasta eccedente, e farcitelo con il composto di spinaci. Coprite con la seconda sfoglia, increspandola leggermente verso il centro, e sigillate i bordi ripiegando la pasta eccedente in modo da formare un cordone.
Bucherellate la superficie con una forchetta, spennellatela di strutto e cuocete in forno già caldo a 190 °C per circa 30 minuti.

TEMPO DI PREPARAZIONE:
1 ora e 10 minuti

DIFFICOLTÀ:
media

ABBINAMENTO CONSIGLIATO:
Vie Bianco Rubicone di San Patrignano (RN)

L'erbazzone, in dialetto "scarpazoun", è una preparazione contadina tradizionale della provincia di Reggio.

INGREDIENTI: 8 fette di **pane casereccio** raffermo, 100 g di **prosciutto crudo** a fettine, 1 piccolo **tartufo bianco**, 50 g di **Parmigiano-Reggiano** tenero, 2 **uova**, 1 bicchiere di **latte**, **pangrattato**, **olio extravergine di oliva**, **sale**

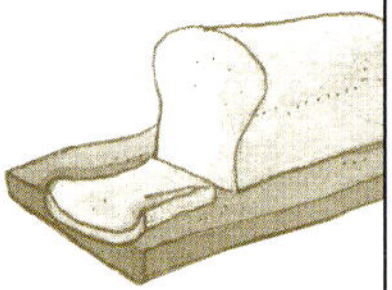

Fritto alla Garisenda

Privato della crosta le fette di pane e tagliatele ciascuna in 4 parti uguali; disponete sopra metà dei quadrati ottenuti una fettina di prosciutto, una di tartufo e una scaglia di Parmigiano-Reggiano. Ricoprite con i rimanenti pezzi di pane, facendo combaciare il più possibile le due parti. Sbattete leggermente le uova in una ciotola con un pizzico di sale. Immergete nel latte freddo ogni porzione, e, quando sarà ammorbidita, passatela nelle uova sbattute e nel pangrattato, facendolo aderire bene a ogni pezzo e prestando attenzione che non restino parti scoperte. Friggete i bocconcini in abbondante olio caldo, sgocciolateli appena saranno dorati e serviteli ben caldi.

Tra le varianti più comuni di questa preparazione, l'utilizzo di Mortadella Bologna al posto del prosciutto e di pasta di tartufo al posto delle lamelle.

TEMPO DI PREPARAZIONE:
30 minuti

DIFFICOLTÀ:
media

ABBINAMENTO CONSIGLIATO:
Colli Piacentini Bonnarda Vivace di Santa Giustina (PC)

INGREDIENTI: 500 g di **farina**, 1 cucchiaio di **strutto**, 1/2 bustina di **lievito** per dolci, **olio di oliva** (o **strutto**), **sale**

Gnocco fritto

Versate la farina a fontana sulla spianatoia; al centro raccogliete lo strutto, il lievito, un pizzico di sale e 2,5 dl di acqua. Impastate tutti gli ingredienti fino a ottenere un composto omogeneo, che farete riposare per 30 minuti. Stendete la pasta in una sfoglia spessa circa 3 mm e tagliatela a losanghe. Friggete i pezzi di pasta, pochi alla volta, nell'olio (tradizionalmente si utilizzava lo strutto) ben caldo; sgocciolateli non appena diventano gonfi e dorati e trasferiteli su carta assorbente da cucina perché perdano l'unto in eccesso. Servite lo gnocco fritto ben caldo, ad accompagnare un misto di salumi emiliani.

Quello che a Modena e a Reggio
si chiama gnocco fritto viene preparato
in tutta l'Emilia con minime varianti
ma con nomi diversi:
a Parma "torta fritta",
a Piacenza "chisolino",
a Ferrara "pinzino",
sull'Appennino "pasta fritta".

TEMPO DI PREPARAZIONE:
40 minuti + 30 minuti di riposo

DIFFICOLTÀ:
bassa

ABBINAMENTO CONSIGLIATO:
Lambrusco Emilia Chiaro della Falconaia di Albinea Canali (RE)

INGREDIENTI: 1 kg di **lumachine di mare**, 1 rametto di **finocchio selvatico**, la **scorza** di 1/2 **limone**, 3 cucchiai di **concentrato di pomodoro** in tubetto, 1 bicchiere di **vino bianco** secco, 3 spicchi di **aglio**, **peperoncino piccante** in polvere, **olio extravergine di oliva**, **sale**, **pepe** in grani, **crostini di pane** per accompagnare

Lumachine di mare in umido

Sciacquate ripetutamente le lumachine di mare, quindi sgocciolatele e raccoglietele in una capace casseruola, insieme con il finocchio selvatico, la scorza grattugiata del limone, il concentrato di pomodoro stemperato nel vino, gli spicchi di aglio sbucciati, un pizzico di peperoncino e uno di sale. Irrorate con un filo di olio, unite tanta acqua quanta ne occorre a coprire le lumachine, incoperchiate e portate su fuoco bassissimo. Lasciate sobbollire per circa 3 ore, mescolando di tanto in tanto e aggiungendo poca acqua se necessario. A fine cottura regolate di sale e profumate con abbondante pepe appena macinato. Servite le lumachine ben calde con il loro intingolo, accompagnando con crostini di pane tostati.

Una preparazione povera dalla tradizione romagnola, un tempo servita come piatto unico.

TEMPO DI PREPARAZIONE:
3 ore e 15 minuti

DIFFICOLTÀ:
bassa

ABBINAMENTO CONSIGLIATO:
Vintan Bianco Rubicone di San Patrignano (RN)

INGREDIENTI: 500 g di **farina**, 1 bustina di **lievito** per dolci, 50 g di **strutto**, **sale**; PER FARCIRE: **prosciutto crudo**, **squacquerone**

Piadina romagnola

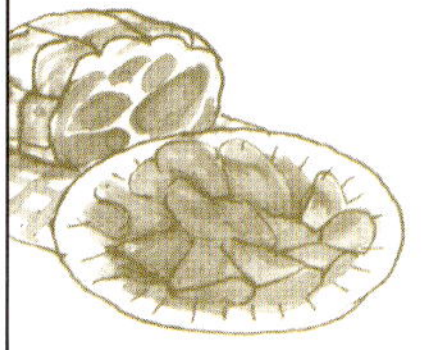

Setacciate la farina con il lievito, facendoli cadere a fontana sulla spianatoia; al centro raccogliete lo strutto a pezzetti e un pizzico di sale. Impastate aggiungendo tanta acqua quanta ne occorre per ottenere un impasto omogeneo ed elastico; copritelo con un canovaccio e lasciatelo riposare in luogo tiepido per circa mezz'ora, quindi dividetelo in porzioni da circa 150 g ciascuna e stendetele sulla spianatoia infarinata in modo da formare dei dischi di circa 14 cm di diametro.
Lo spessore e la larghezza delle piadine varia a seconda delle zone: quelle riminesi sono più larghe e sottili. Cuocete le piadine su entrambi i lati sull'apposito "testo" di terracotta o di ghisa, oppure in una padella di ferro ben calda, avendo l'accortezza di bucherellarle con i rebbi di una forchetta e di farle ruotare spesso sollevandole con un coltello a lama sottile.
Farcite le piadine a piacere: il ripieno tradizionale è costituito da prosciutto crudo e squacquerone, ma si possono proporre anche con altri salumi.

TEMPO DI PREPARAZIONE:
30 minuti + 30 minuti di riposo
DIFFICOLTÀ:
bassa

ABBINAMENTO CONSIGLIATO:
Lambrusco di Sorbara
Vigna del Cristo di Cavicchioli (MO)

INGREDIENTI PER 8 PERSONE: 1 kg di **farina**, 2,5 dl di **latte**, 50 g di **lievito di birra**, **zucchero**, **olio extravergine di oliva**, **sale**; PER FARCIRE (FACOLTATIVO): 100 g di **lardo**, 1 spicchio di **aglio**, 1 rametto di **rosmarino**, **sale**, **pepe** in grani

Tigelle

TEMPO DI PREPARAZIONE:
40 minuti + 2 ore di riposo

DIFFICOLTÀ:
media

ABBINAMENTO CONSIGLIATO:
Lambrusco Grasparossa di Castelvetro Col Sassoso di Cavicchioli (MO)

Stemperate il lievito nel latte tiepido, unendo un cucchiaino di zucchero. Versate la farina a fontana sulla spianatoia. Al centro raccogliete il lievito sciolto nel latte tiepido, 4 cucchiai di olio e un pizzico di sale. Impastate energicamente il tutto, aggiungendo tanta acqua tiepida quanta ne occorre per ottenere un composto omogeneo, morbido ma consistente. Formate una palla, trasferitela in una ciotola infarinata, copritela con un canovaccio e lasciatela lievitare in luogo tiepido per circa 2 ore. Lavorate ancora brevemente la pasta, quindi stendetela a uno spessore di circa 5 mm e ritagliatela in dischi con un tagliapasta rotondo. Cuocete le tigelle nell'apposita tigelliera di terracotta o di metallo calda o, se non ne disponete, in una padella di ferro, girandole spesso. Servitele calde: potete farcirle con un battuto di lardo, aglio, rosmarino e pepe, oppure servirle ad accompagnare un misto di salumi e formaggi.

A Modena le chiamano anche "crescentine": il termine "tigella" indicava infatti originariamente le piccole teglie di terracotta in cui questi gustosi panini venivano tradizionalmente cotti.

INGREDIENTI: 500 g di **patate**, 2 spicchi di **aglio**, 100 g di **lardo**, 1 **uovo**, **pecorino** grattugiato, **sale**, **pepe**;
PER LA SFOGLIA: 500 g di **farina**, **sale**

Tortelli sulla lastra

TEMPO DI PREPARAZIONE:
2 ore
DIFFICOLTÀ:
alta

ABBINAMENTO CONSIGLIATO:
Lambrusco Reggiano Libesco di Medici Ermete (RE)

Lessate le patate con la buccia, scolatele ancora al dente, pelatele e passatele allo schiacciapatate, raccogliendo il ricavato in una ciotola. In una padella fate rosolare l'aglio schiacciato con il lardo tritato. Unite il battuto così preparato alle patate, aggiungete l'uovo e 4 cucchiai di pecorino grattugiato, mescolate il tutto e regolate di sale e pepe. Preparate la pasta: versate la farina a fontana sulla spianatoia, al centro mettete poca acqua tiepida leggermente salata e iniziate a impastare; continuate a lavorare aggiungendo poca alla volta tanta acqua quanta ne occorre per ottenere un impasto morbido ma consistente. Stendetelo in un disco di sfoglia sottile e spalmatene metà con il ripieno. Ripiegate la sfoglia a mezzaluna e sigillate i bordi, ritagliandoli con la rotella dentata. Ricavate tanti tortelli di circa 12 cm di lato: tracciate dei solchi verticali e orizzontali premendo con il matterello sulla superficie della sfoglia ripiena, fino a ottenere un reticolato. Passate la rotella dentata lungo i solchi per ritagliare e sigillare i tortelli. Cuoceteli su una lastra di pietra scaldata sul camino (o in una pesante padella di ferro) per circa 2 minuti su ogni lato. Serviteli caldi.

INGREDIENTI PER 6 PERSONE:
400 g di **pasta all'uovo** (*vedi* pag. 66), 500 g di **polpa di manzo**, 50 g di **pancetta**, 1 **cipolla**, 1/2 **carota**, 1 gambo di **sedano**, 2,5 dl di **vino rosso**, 1 cucchiaio di **concentrato di pomodoro**, 2 chiodi di **garofano**, **cannella** in polvere, **brodo di carne**, **pangrattato**, 1 **uovo**, 100 g di **Parmigiano-Reggiano** grattugiato, **noce moscata**, **burro**, **olio extravergine di oliva**, **sale**, **pepe**;
PER SERVIRE: **brodo di cappone**, **Parmigiano-Reggiano** grattugiato

Anolini in brodo

Gli anolini si possono servire anche asciutti, conditi con il classico ragù.

Lardellate la carne con la pancetta a bastoncini. Fate soffriggere le verdure tritate con una grossa noce di burro e un filo di olio; unite la carne e lasciatela rosolare per circa 15 minuti, bagnate con il vino e aggiungete il concentrato di pomodoro, i chiodi di garofano e un pizzico di cannella. Versate 2 mestoli di brodo, incoperchiate e lasciate cuocere per almeno 3 ore. Sgocciolate la carne e macinatela; mescolate il pangrattato nel fondo di cottura, aggiungete la carne macinata, l'uovo e il grana, profumate con poca noce moscata grattugiata, regolate di sale e pepe e amalgamate il tutto.
Stendete la pasta all'uovo in sfoglie sottili, larghe circa 10 cm ciascuna; su ogni sfoglia distribuite il ripieno preparato a mucchietti, distanziandoli di 4 cm l'uno dall'altro. Ripiegate la sfoglia facendola aderire intorno ai mucchietti; ritagliate gli anolini con l'apposito tagliapasta dentellato, in modo da conferire loro la tipica forma a mezzaluna. Cuoceteli nel brodo di cappone e serviteli nel loro brodo di cottura, accompagnando a parte con Parmigiano-Reggiano grattugiato.

TEMPO DI PREPARAZIONE:
4 ore

DIFFICOLTÀ:
alta

ABBINAMENTO CONSIGLIATO:
Colli Bolognesi Pignoletto Sit a Montuì di Tenuta di Santa Croce (BO)

PARMIGIANO
REGGIANO

INGREDIENTI: 400 g di **pasta all'uovo** (*vedi* pag. 66), **brodo di carne**, **pangrattato**, 250 g di **pecorino** grattugiato, 4 **uova**, **strutto**, **sale**

Bazott

Bassotti

Stendete la pasta all'uovo in una sfoglia sottile e tagliatela in stretti tagliolini. Sbollentateli rapidamente nel brodo di carne e scolateli, conservando il brodo. Ungete di strutto una teglia da forno, spolverizzatela di pangrattato e stendetevi un primo strato di tagliolini, condite con un po' di strutto e spolverizzate con pecorino grattugiato; proseguite a strati in questo ordine fino a esaurire gli ingredienti. Coprite di brodo e cuocete in forno già caldo a 180 °C per 10 minuti, o fino a che il brodo non sarà stato assorbito, quindi sfornate. Versate sulla superficie della preparazione le uova sbattute con un pizzico di sale, quindi infornate nuovamente e lasciate cuocere fino a che le uova non saranno rapprese e la superficie dorata. Servite i bassotti ben caldi.

Tipicamente romagnoli, i bassotti venivano un tempo preparati in occasione dell'uccisione del maiale: il brodo di cottura, oggi in genere di manzo e pollo, era fatto con ossi, zampetti e coda dell'animale.

TEMPO DI PREPARAZIONE:
30 minuti

DIFFICOLTÀ:
bassa

ABBINAMENTO CONSIGLIATO:
Bianco Forlì
Il Tornese Chardonnay di Drei Donà (FC)

INGREDIENTI PER 6 PERSONE: 400 g di **riso**, 1 l di **brodo di carne**, 100 g di **Parmigiano-Reggiano** grattugiato, 1 **uovo**, **pangrattato**, **burro**; PER LA FARCIA: 2 **piccioni** mondati e disossati, 1 piccola **cipolla**, 1/2 gambo di **sedano**, 1/2 **carota**, 1 ciuffo di **prezzemolo**, 20 g di **funghi** secchi, 1 bicchiere di **vino rosso**, **burro**, **sale**, **pepe**

Bomba di riso

Preparate la farcia: tritate finemente la cipolla, il sedano, la carota e il prezzemolo; ponete il tutto a rosolare con una noce di burro in una casseruola posta su fuoco dolce. Quando il soffritto sarà imbiondito, unite i piccioni tagliati in piccoli pezzi e lasciateli insaporire per 15 minuti. Salate, pepate e aggiungete i funghi, precedentemente ammorbiditi in acqua tiepida, strizzati e tritati, quindi bagnate con il vino; incoperchiate e lasciate cuocere a fuoco basso per circa 30 minuti.

Nel frattempo lessate il riso nel brodo bollente, scolatelo al dente e trasferitelo in una zuppiera. Amalgamate al riso il Parmigiano-Reggiano, l'uovo e una grossa noce di burro. Imburrate e spolverizzate di pangrattato un capace stampo rotondo a bordi alti. Versatevi circa 3/4 del riso, distribuendolo sul fondo e lungo le pareti, in modo da lasciare un incavo nel mezzo. Riempite il foro centrale con la farcia di piccione, ricoprite con il rimanente riso e livellate la superficie. Cospargete la bomba con pangrattato e fiocchetti di burro, quindi ponetela a gratinare in forno già caldo a 220 °C fino a che sulla superficie non si sarà formata una crosticina dorata. Sfornate e lasciate riposare per 5 minuti prima di sformare e servire.

TEMPO DI PREPARAZIONE:
1 ora e 30 minuti

DIFFICOLTÀ:
media

ABBINAMENTO CONSIGLIATO:
Colli Piacentini Stoppa Cabernet Sauvignon di La Stoppa (PC)

Specialità piacentina, di probabile origine rinascimentale, la bomba di riso viene tradizionalmente preparata per la festa dell'Assunta.

INGREDIENTI PER 6 PERSONE:

2 kg di **pesce fresco da zuppa misto** (anguilla, scorfano, palombo, merluzzo, canocchie, calamaretti, seppie, scampi, cozze, vongole), 1 **cipolla**, 2 spicchi di **aglio**, 1 bicchiere di **aceto**, 1 kg di **pomodori** maturi, 1 bicchiere di **vino bianco** secco, 1 ciuffo di **prezzemolo**, **peperoncino piccante** in polvere, **olio extravergine di oliva**, **sale**, **pepe** in grani

Brodetto di pesce

Il brodetto è talmente legato alla tradizione dei pescatori che in Romagna, per indicare una donna vecchia, si dice che è "antiga piò de brudét".

Tritate la cipolla e l'aglio e poneteli a bollire con l'aceto in una casseruola, possibilmente di terracotta. Quando l'aceto sarà evaporato, unite abbondante olio extravergine di oliva e un pizzico di peperoncino. Lasciate insaporire per qualche minuto, quindi aggiungete i pomodori, precedentemente sbollentati e passati al passaverdura. Bagnate con il vino e con 2 mestoli d'acqua calda, salate, profumate con pepe appena macinato, incoperchiate e portate a ebollizione. Non appena l'intingolo avrà preso il bollore, aggiungete le seppie e i calamari e lasciate cuocere a fuoco dolce per circa 30 minuti; unite quindi i pesci, lasciandoli interi se di piccole dimensioni, tagliandoli in tranci se più grossi. Lasciate cuocere per circa 20 minuti, sempre a tegame coperto e senza mai mescolare. Aggiungete infine gli scampi, le canocchie, le cozze e le vongole, lasciate cuocere ancora per pochi minuti, quindi cospargete con abbondante prezzemolo tritato. Togliete dal fuoco e profumate con pepe appena macinato; lasciate riposare per qualche minuto il brodetto prima di servirlo.

TEMPO DI PREPARAZIONE:
2 ore e 30 minuti

DIFFICOLTÀ:
media

ABBINAMENTO CONSIGLIATO:
Trebbiano di Romagna Dalbiere di Fattoria Zerbina (RA)

INGREDIENTI: 500 g di **pasta all'uovo** (*vedi* pag. 66),
500 g di **zucca** decorticata e mondata,
100 g di **Parmigiano-Reggiano** grattugiato, 50 g di **pangrattato**,
noce moscata, **sale**, **pepe**

Cappellacci di zucca

Tagliate la zucca in grosse fette, avvolgetele in un foglio di alluminio per alimenti e cuocetele in forno già caldo a 180 °C per circa 40 minuti. Lasciatele intiepidire, quindi passatele al passaverdura, raccogliendo il ricavato in una ciotola.

Unite il Parmigiano-Reggiano grattugiato e il pangrattato, profumate con abbondante noce moscata grattugiata, salate, pepate e amalgamate il tutto.

Stendete la pasta in sfoglie sottili, ritagliatele in quadrati di 6 cm di lato e al centro di ciascuno ponete un mucchietto di ripieno; chiudete ogni quadrato di pasta a triangolo, premendo per sigillare i bordi. Ripiegate i cappellacci attorno all'indice, congiungendo le estremità e facendole aderire perfettamente. Lessate i cappellacci in abbondante acqua bollente salata, scolateli al dente e serviteli, conditi a piacere con ragù di carne o con burro fuso e salvia.

Preparazione tipica di Ferrara, tanto radicata che gli abitanti della città vengono soprannominati dai Bolognesi "magnazoca".

TEMPO DI PREPARAZIONE:
1 ora e 40 minuti

DIFFICOLTÀ:
media

ABBINAMENTO CONSIGLIATO:
Colli di Imola Chardonnay Thea di Tre Monti (BO)

INGREDIENTI PER 6 PERSONE:
500 g di **pasta all'uovo** (*vedi* pag. 66),
200 g di **polpa di maiale** macinata,
100 g di **petto di gallina** macinato, 200 g di **prosciutto crudo**,
300 g di **Parmigiano-Reggiano** grattugiato, 1 **uovo**,
noce moscata, **brodo di carne**, **burro**, **sale**, **pepe**

Cappelletti reggiani

In un tegame ponete a rosolare dolcemente le carni di maiale e di gallina tritate con una grossa noce di burro. Lasciate cuocere per circa 15 minuti, quindi unite il prosciutto tritato e lasciate insaporire per qualche minuto. Togliete dal fuoco, lasciate raffreddare, poi incorporate il Parmigiano-Reggiano e l'uovo, salate, pepate, profumate con abbondante noce moscata e impastate fino a ottenere un composto omogeneo. Sulla spianatoia infarinata stendete la pasta all'uovo in sfoglie sottili, quindi ritagliatele in quadrati di circa 4 cm di lato e ponete al centro di ciascuno una piccola porzione di ripieno; chiudeteli a triangolo, premendo per sigillare i bordi, avvolgete le estremità intorno all'indice e saldate le punte. Lessate i cappelletti nel brodo bollente e serviteli nel loro brodo di cottura.

*I caplèt, i cappelletti,
devono il loro nome alla forma,
simile a quella di un copricapo.*

TEMPO DI PREPARAZIONE:
2 ore

DIFFICOLTÀ:
alta

ABBINAMENTO CONSIGLIATO:
Sangiovese di Romagna Superiore Centurione di Ferrucci (RA)

INGREDIENTI PER 6 PERSONE:
400 g di **pasta all'uovo** (*vedi* pag. 66),
100 g di **petto di cappone**, 80 g di **ricotta**,
80 g di **stracchino**, **Parmigiano-Reggiano** grattugiato,
1 **uovo**, 1 **tuorlo**, **noce moscata**, la **scorza** di 1/2 **limone**,
brodo di cappone, **burro**, **sale**

Cappelletti romagnoli

In un tegame ponete ad arrostire il petto di cappone con una noce burro; lasciate cuocere per circa 20 minuti, quindi passate al mixer la carne e raccoglietela in una ciotola. Unite la ricotta, lo stracchino, 4 cucchiai di Parmigiano-Reggiano, l'uovo intero e il tuorlo. Regolate di sale, profumate con abbondante noce moscata e con la scorza del limone grattugiata. Sulla spianatoia infarinata stendete la pasta all'uovo in sfoglie sottili, quindi ritagliatele con un tagliapasta rotondo in dischi di 6 cm di diametro; ponete al centro di ciascuno una piccola porzione di ripieno e chiudeteli a mezzaluna, premendo per sigillare i bordi; avvolgete le estremità intorno all'indice e saldate le punte. Lessate i cappelletti nel brodo bollente e serviteli nel loro brodo di cottura.

TEMPO DI PREPARAZIONE:
2 ore

DIFFICOLTÀ:
alta

ABBINAMENTO CONSIGLIATO:
Rosso di Forlì Alloro di Giba (FC)

Scriveva nel 1811 il prefetto di Forlì: «A Natale presso ogni famiglia si fa una minestra [...] che chiamasi cappelletti. [...] L'avidità di tale minestra è così generale, che da tutti, e massime dai preti, si fanno delle scommesse di chi ne mangia una maggior quantità».

INGREDIENTI: 400 g di **pasta all'uovo** (*vedi* pag. 66)
PER IL RAGÙ: 100 g di **salsiccia**, 1 **cipolla**, 1 gambo di **sedano**, 1 **carota**, 50 g di **prosciutto crudo** a dadini, 1 bicchiere di **vino bianco** secco, 50 g di **salsa di pomodoro**, **olio extravergine di oliva**, **sale**, **pepe**

Garganelli al ragù di salsiccia

In un tegame, possibilmente di coccio, fate rosolare la cipolla, il sedano e la carota tritati; unite la salsiccia spellata e sbriciolata e il prosciutto; lasciate insaporire il tutto per qualche minuto, quindi bagnate con il vino, aggiungete la salsa di pomodoro, salate, pepate, incoperchiate e lasciate cuocere dolcemente per circa 2 ore.
Nel frattempo preparate i garganelli: stendete la pasta in una sfoglia sottile e tagliatela con il coltello in quadrati di 5 cm di lato. Appoggiate ogni quadrato in diagonale sulla bacchetta dell'apposito "pettine" (assicella di legno scanalato) e avvolgetelo a partire da un angolo, premendo la bacchetta sul pettine stesso, in modo che il garganello risulti rigato e saldato, quindi sfilate la bacchetta. Portate a bollore abbondante acqua, salatela e cuocetevi i garganelli, scolateli al dente, versateli in una zuppiera, conditeli con il ragù e servite.

Originari di Imola e Lugo, i garganelli si servono anche con ragù di pollo o con sugo di funghi.

TEMPO DI PREPARAZIONE:
2 ore e 30 minuti

DIFFICOLTÀ:
media

ABBINAMENTO CONSIGLIATO:
Sangiovese Superiore di Romagna Vigna di Cambro di Poggio Pollino (BO)

INGREDIENTI PER 6 PERSONE:
1 kg di **patate** farinose, 300 g di **farina di grano duro**,
1 **uovo**, **burro**, **grappa**, **sale**;
PER IL CONDIMENTO: **burro**, **Parmigiano-Reggiano** grattugiato

Gnocchi alla parmigiana

Lessate le patate con la buccia in acqua salata inizialmente fredda. Scolatele, pelatele e passatele allo schiacciapatate, raccogliendo il ricavato in una ciotola. Impastate la purea ottenuta con la farina, l'uovo, una noce di burro, 2 cucchiai di grappa e un pizzico di sale. Con il composto ottenuto formate dei cilindri dello spessore di un dito, tagliateli a pezzi lunghi circa 2 cm e passateli uno alla volta sul rovescio di una grattugia, premendoli con il pollice e facendoli scorrere dal basso verso l'alto. Cuocete gli gnocchi in abbondante acqua salata e sgocciolateli con il mestolo forato appena vengono a galla; raccoglieteli in una zuppiera, conditeli con abbondante burro fuso e Parmigiano-Reggiano e serviteli immediatamente.

Si tratta di un primo classico, da servire a piacere condito con sugo di pomodoro o con ragù.

TEMPO DI PREPARAZIONE:
1 ora e 30 minuti

DIFFICOLTÀ:
media

ABBINAMENTO CONSIGLIATO:
Lambrusco Emilia Ottocentonero di Albinea Canali (RE)

INGREDIENTI PER 6 PERSONE

PER LA PASTA: 300 g di **farina**, 2 **uova**, 50 g di **spinaci** lessati, **sale**
PER IL RAGÙ ALLA BOLOGNESE: 250 g di **polpa di manzo** macinata, 250 g di **polpa di maiale** macinata, 1 gambo di **sedano**, 1 **carota**, 1 **cipolla**, 80 g di **pancetta**, 1 bicchiere di **vino rosso**, 2 cucchiai di **concentrato di pomodoro**, **brodo**, **burro**, **olio extravergine di oliva**, **sale**, **pepe**
PER LA BESCIAMELLA: 50 g di **burro**, 50 g di **farina**, 5 dl di **latte**, **noce moscata**, **sale**, **pepe**
PER COMPLETARE: **Parmigiano-Reggiano** grattugiato

Lasagne alla bolognese

Preparate il ragù: fate soffriggere le verdure e la pancetta tritati in un tegame con una noce di burro e 2 cucchiai di olio. Unite la carne macinata, lasciate rosolare per 20 minuti, mescolando spesso, quindi bagnate con il vino (1).
Aggiungete il concentrato di pomodoro stemperato in un mestolo di brodo, incoperchiate e lasciate cuocere per circa 2 ore. A fine cottura regolate di sale e pepe. Nel frattempo preparate la pasta: versate la farina a fontana sulla spianatoia; al centro raccogliete le uova, gli spinaci tritati e un pizzico di sale; impastate lungamente, finché la pasta non sarà liscia

1. *Fate rosolare la carne macinata nel soffritto di verdure e pancetta.*

2. *Impastate la farina con le uova e gli spinaci.*

TEMPO DI PREPARAZIONE:
4 ore + 1 ora di riposo

DIFFICOLTÀ:
alta

ABBINAMENTO CONSIGLIATO:
Sangiovese di Romagna Superiore Sassetto di Giba (FC)

e omogenea (2). Formate una palla, avvolgetela nella pellicola per alimenti e lasciatela riposare per un'ora.
Preparate la besciamella: fate sciogliere il burro in una casseruola su fuoco dolcissimo, unite la farina e lasciatela tostare, mescolando per ottenere un composto dorato e senza grumi. Unite il latte a filo, senza smettere di mescolare. Lasciate cuocere a fuoco basso per 10 minuti, mescolando di continuo. Salate, pepate e profumate con poca noce moscata grattugiata.
Stendete la pasta in sfoglie sottili, che taglierete in rettangoli. Tuffate le lasagne, una alla volta, in acqua bollente salata (3); scolatele al dente, immergetele in acqua fredda e stendetele su un canovaccio. Distribuite sul fondo di una teglia imburrata un mestolino di besciamella e uno di ragù, stendete uno strato di pasta, proseguite con besciamella e ragù e cospargete con Parmigiano-Reggiano (4). Continuate in questo modo fino a terminare con uno strato di pasta ricoperto da besciamella, Parmigiano-Reggiano e fiocchetti di burro. Infornate a 180 °C per 40 minuti.

3. *Tuffate le lasagne, una alla volta, in acqua bollente salata.*

4. *In una teglia distribuite strati alternati di pasta, ragù e besciamella.*

Tradizionalmente la sfoglia per lasagne e tagliatelle a Bologna veniva preparata da vere e proprie professioniste, le "sfogline": un mestiere oggi sempre più raro.

Lasagne alla bolognese

INGREDIENTI: 300 g di **farina**, 3 **uova**, 50 g di **Parmigiano-Reggiano** grattugiato, **brodo di carne**, **sale**

Malfattini

Versate la farina a fontana sulla spianatoia; al centro raccogliete le uova, il Parmigiano-Reggiano e un pizzico di sale; impastate lungamente, finché la pasta non sarà liscia e omogenea. Formate un cilindro, tagliatelo a fette spesse circa un centimetro e lasciatele asciugare all'aria per un'ora. Tritatele con la mezzaluna o un coltello pesante: dovrete ottenere delle "briciole" regolari, della dimensione di un chicco di riso. Portate a ebollizione il brodo, versatevi i malfattini e lasciateli cuocere fino a che non verranno a galla. Servite ben caldo, accompagnando a piacere con Parmigiano-Reggiano grattugiato.

TEMPO DI PREPARAZIONE:
40 minuti + 1 ora di riposo

DIFFICOLTÀ:
bassa

ABBINAMENTO CONSIGLIATO:
Colli Piacentini Anricus Bianco di Santa Giustina (PC)

Scrive Pellegrino Artusi a proposito dei malfattini: «In que' paesi dove si fa uso quasi giornaliero di paste d'uova fatte in casa, non vi è servuccia che non ne sia maestra».

INGREDIENTI PER 6 PERSONE:

300 g di **pasta all'uovo** (*vedi* pag. 66), 200 g di **formaggio raviggiolo**, 100 g di **Parmigiano-Reggiano** grattugiato, 1 **uovo**, **noce moscata**, la **scorza** di 1 **limone**, 1,2 l di **brodo di carne**, **sale**

Minestra imbutida

Minestra imbottita

In una ciotola mescolate il raviggiolo con il Parmigiano, unite l'uovo sbattuto con un pizzico di sale e uno di noce moscata grattugiata, profumate con la scorza di limone grattugiata e mescolate in modo da ottenere un impasto morbido e omogeneo, che lascerete riposare per almeno un'ora in frigorifero. Stendete la pasta all'uovo per formare 2 rettangoli sottili. Sopra una delle 2 sfoglie spalmate la farcia preparata, coprite con la rimanente sfoglia e premete per sigillare i bordi. Con la rotella tagliapasta ritagliate delle strisce larghe circa 1,5 cm, dalle quali ricaverete poi tanti piccoli quadrati. Portate a ebollizione il brodo, tuffatevi i quadratini di pasta e togliete dal fuoco quando questi affiorano in superficie. Servite la minestra imbottita ben calda, accompagnata a piacere da Parmigiano-Reggiano grattugiato.

Prodotto in tutto l'Appennino Tosco-Romagnolo, il raviggiolo è una sorta di cagliata: può essere sostituito solo con uno stracchino o una ricotta freschissima.

TEMPO DI PREPARAZIONE:
30 minuti + 1 ora di riposo

DIFFICOLTÀ:
media

ABBINAMENTO CONSIGLIATO:
Bianco Forlì Strabismo di Venere di Fattoria Paradiso (FC)

INGREDIENTI: 4 **uova**, 250 g di **mollica di pane** raffermo, 150 g di **Parmigiano-Reggiano** grattugiato, 4 cucchiai di **farina**, **noce moscata**, la **scorza** di 1 **limone**, 1,2 l di **brodo di carne**, **sale**

Passatelli

Sbattete le uova in una ciotola, incorporatevi la mollica grattugiata, il Parmigiano-Reggiano e la farina; profumate con abbondante noce moscata grattugiata, unite la scorza di limone grattugiata, salate leggermente e amalgamate il tutto in modo da ottenere un composto omogeneo. Lasciate riposare l'impasto per circa un'ora. Appoggiate sul composto l'apposito ferro per i passatelli ed esercitate una pressione sui manici dell'utensile, in modo da formare tanti cordoni di pasta, che taglierete a una lunghezza di 7-10 centimetri.
Lasciate cadere i passatelli nel brodo bollente e lasciateli cuocere per circa 5 minuti, senza mescolare, o fino a quando non affioreranno in superficie. Se non disponete del ferro, potete utilizzare uno schiacciapatate. Trasferite la minestra in una zuppiera e servite accompagnando con abbondante Parmigiano-Reggiano grattugiato a parte.

In Romagna si dice che "a panza pina u s'ragiona mej", «a pancia piena si ragiona meglio».

TEMPO DI PREPARAZIONE:
20 minuti + 1 ora di riposo

DIFFICOLTÀ:
bassa

ABBINAMENTO CONSIGLIATO:
Unique Spumante Brut Rosé di Medici Ermete (RE)

INGREDIENTI PER 6 PERSONE:

300 g di **sedanini rigati** o **maccheroncini**, 500 g di **pastafrolla**, 2,5 dl di **besciamella** (*vedi* pag. 52), lamelle di **tartufo**, 1 **tuorlo**, **olio extravergine di oliva**, **sale**, **pepe**

PER IL RAGÙ: 300 g di **salsiccia**, 150 g di **polpa di vitello** macinata, 150 g di **polpa di manzo** macinata, 1 gambo di **sedano**, 1 **carota**, 1 **cipolla**, 30 g di **funghi** secchi, 1 bicchiere di **vino bianco** secco, **brodo di carne**

Pasticcio di maccheroni alla ferrarese

Preparate il ragù: rosolate con un filo di olio il sedano, la carota e la cipolla tritati; quando il tutto sarà appassito, aggiungete le carni, la salsiccia spellata e sbriciolata e i funghi, ammorbiditi in acqua, strizzati e tritati. Salate, pepate, sfumate con il vino e lasciatelo evaporare, quindi bagnate con 2 mestoli di brodo, incoperchiate e lasciate cuocere per circa 2 ore. Stendete la pasta frolla in 2 dischi del diametro di 30 cm ciascuno. Portate a bollore abbondante acqua salata, tuffatevi i sedanini e scolateli al dente. Raccoglieteli in una zuppiera, conditeli con il ragù, unite la besciamella, profumate con tartufo a lamelle e con poco pepe. Mescolate e lasciate intiepidire. Distribuite la farcia di maccheroni al centro di uno dei 2 dischi di sfoglia, modellandola a forma di cupola. Coprite con l'altro disco, sigillate il bordo e ritagliate la pasta in eccedenza con la rotella dentata. Utilizzate i ritagli per preparare, con gli stampini sagomati, dei decori da porre sulla superficie della cupola. Spennellate il pasticcio con il tuorlo sbattuto e cuocetelo per 25 minuti nel forno a 175 °C.

TEMPO DI PREPARAZIONE:
40 minuti + 1 ora di riposo

DIFFICOLTÀ:
bassa

ABBINAMENTO CONSIGLIATO:
Sangiovese Liano
di Umberto Cesari (BO)

INGREDIENTI: 200 g di **fagioli borlotti** secchi, 1 **cipolla**, 30 g di **lardo**, 1 gambo di **sedano**, 1 ciuffo di **prezzemolo**, 1 rametto di **rosmarino**, 2 foglie di **salvia**, 2 cucchiai di **concentrato di pomodoro**, **Parmigiano-Reggiano** grattugiato, **olio extravergine di oliva**, **sale**, **pepe**;
PER I PISAREI: 300 g di **farina**, 100 g di **pangrattato**, **sale**

Pisarei e fasó

Lasciate i fagioli in ammollo per una notte. Scolateli e lessateli per circa un'ora con acqua fredda, mezza cipolla e 2 cucchiai di olio. Nel frattempo preparate i pisarei: versate la farina a fontana sulla spianatoia, unite il pangrattato ammorbidito con poca acqua calda e un pizzico di sale. Impastate aggiungendo tanta acqua tiepida quanta sarà necessaria a ottenere un composto sodo, che lavorerete per almeno 10 minuti. Prendete un pezzetto di pasta alla volta e fatelo rotolare sulla spianatoia per formare tanti cilindri del diametro di 0,5 cm; tagliateli in segmenti lunghi 2 cm e schiacciateli con il pollice, arrotolandoli su se stessi, in modo da formare degli gnocchetti. In un capace tegame soffriggete con un filo di olio un trito preparato con il lardo, la cipolla rimasta e le erbe. Aggiungete i fagioli scolati, salate, pepate e lasciate insaporire, quindi unite il concentrato di pomodoro sciolto in un mestolo di acqua calda. Lasciate cuocere a tegame coperto per un'ora. Lessate i pisarei in abbondante acqua leggermente salata e scolateli quando vengono a galla: occorreranno circa 15 minuti. Trasferite gli gnocchetti in una zuppiera, conditeli con il sugo di fagioli, cospargete con qualche cucchiaio di Parmigiano-Reggiano e servite.

TEMPO DI PREPARAZIONE:
2 ore e 30 minuti

DIFFICOLTÀ:
media

ABBINAMENTO CONSIGLIATO:
Colli Piacentini Cresta al Sole Gutturnio Superiore di Azienda Vitivinicola Lusenti (PC)

INGREDIENTI: 500 g di **farina**, **sale**, **ragù di salsiccia** (*vedi* pag. 60)

Strozzapreti

Disponete la farina a fontana sulla spianatoia; al centro versate un bicchiere di acqua tiepida, in cui avrete sciolto un pizzico di sale. Impastate energicamente, aggiungendo altra acqua se necessario, fino a ottenere un composto omogeneo, piuttosto morbido ma consistente. Avvolgetelo in un foglio di pellicola per alimenti e lasciatelo riposare per 15 minuti. Stendete l'impasto in una sfoglia spessa circa 2 mm, arrotolatela sul matterello, quindi sfilatelo e tagliate la pasta in strisce larghe circa un centimetro e mezzo. Arrotolate le strisce sfregandole tra i palmi inumiditi, quindi spezzatele con le dita in segmenti di 8-10 cm di lunghezza. Disponeteli su vassoi infarinati, lasciateli asciugare brevemente, quindi lessateli in abbondante acqua bollente salata. Scolateli dopo circa 4 minuti e serviteli conditi con ragù di salsiccia oppure con sugo di verdure e prosciutto.

Gli strozzapreti devono il loro nome, secondo alcuni, all'anticlericalismo storicamente diffuso in Romagna.

TEMPO DI PREPARAZIONE:
1 ora + 15 minuti di riposo

DIFFICOLTÀ:
media

ABBINAMENTO CONSIGLIATO:
Ravenna Burson Etichetta Nera di Longanesi (RA)

INGREDIENTI: 400 g di **pasta fresca all'uovo** (*vedi* pag. 66), 200 g di **prosciutto crudo** a fette, **cipolla**, 1/2 bicchiere di **vino bianco**, 300 g di **pomodori** pelati, **Parmigiano-Reggiano** grattugiato, **burro**, **sale**, **pepe**

Tagliatelle al prosciutto

TEMPO DI PREPARAZIONE:
1 ora

DIFFICOLTÀ:
media

ABBINAMENTO CONSIGLIATO:
Sangiovese Anteprima Bertinoro Bron&Rusèval di Celli (FC)

Stendete la pasta all'uovo in una sfoglia sottilissima, di circa un millimetro di spessore. Infarinatela leggermente e ripiegatela su se stessa, senza schiacciarla, quindi, con un pesante coltello affilato, ritagliate dalla sfoglia tante strisce larghe 7 millimetri. Sollevate le tagliatelle con la lama del coltello e stendetele ad asciugare su un vassoio infarinato. Separate la parte magra del prosciutto dal grasso e tagliatela a listarelle; tritate il grasso insieme con la cipolla e ponetelo a rosolare in un tegame con una noce di burro.

Quando la cipolla sarà appassita, unite le listarelle di prosciutto e lasciatele insaporire, quindi sfumate con il vino. Unite i pelati, precedentemente schiacciati con una forchetta, regolate di sale, pepate e lasciate cuocere per circa 20 minuti. In una pentola portate a bollore abbondante acqua salata, tuffatevi le tagliatelle e cuocetele al dente. Scolatele, trasferitele in una zuppiera e conditele con il sugo preparato. Completate con abbondante Parmigiano-Reggiano grattugiato e servite.

Col prosciutto o con ricotta e noci, con burro e formaggio o con sugo di pomodoro, le tagliatelle sono un simbolo dell'Emilia-Romagna in cucina.

INGREDIENTI: 400 g di **farina di mais**, 300 g di **fagioli freschi** sgranati, 1 **cipolla**, 80 g di **pancetta**, 1 rametto di **rosmarino**, 150 g di **pomodori pelati**, 1 spicchio di **aglio**, **burro**, **sale**, **pepe**

Calzagatti

Lessate i fagioli in acqua leggermente salata, quindi scolateli, conservando l'acqua di cottura. Affettate la cipolla, tritate la pancetta e ponete il tutto a rosolare in un capiente tegame con una noce di burro e il rosmarino. Unite i pomodori, salate, pepate e lasciate cuocere per circa 15 minuti, quindi unite i fagioli al sugo e lasciate cuocere per circa 20 minuti. Versate l'acqua di cottura dei fagioli in una pentola, unite tanta acqua quanta ne occorre per ottenere 2 litri di liquido e portate a bollore. Salate e versate a pioggia la farina mescolando energicamente con un cucchiaio di legno. Una volta che tutta la farina sarà stata incorporata, lasciate cuocere a fuoco dolce per circa 40 minuti, mescolando di tanto in tanto. Versate la polenta nel tegame di cottura dei fagioli e lasciate cuocere ancora 15 minuti, mescolando spesso. Togliete dal fuoco, distribuite i calzagatti nelle fondine individuali e servite.

TEMPO DI PREPARAZIONE:
2 ore e 30 minuti

DIFFICOLTÀ:
media

ABBINAMENTO CONSIGLIATO:
Sangiovese di Romagna Superiore Le Grillaie Riserva di Celli (FC)

In molte località è tradizione servire i calzagatti fritti o cotti sulla brace: occorre in questo caso far raffreddare la polenta già condita e poi tagliarla a fette.

INGREDIENTI

PER LA PASTA ALL'UOVO: 300 g di **farina**, 3 **uova**, **sale**

PER CONDIRE: **ragù alla bolognese** (*vedi* pag. 52), **burro**, **Parmigiano-Reggiano** grattugiato, **sale**

Tagliatelle al ragù

TEMPO DI PREPARAZIONE:
1 ora

DIFFICOLTÀ:
media

ABBINAMENTO CONSIGLIATO:
Sangiovese di Romagna Superiore Thea di Tre Monti (BO)

Preparate la pasta all'uovo: disponete la farina a fontana sulla spianatoia, praticando al centro un incavo nel quale sguscerete le uova; unite un pizzico di sale e iniziate a impastare, prima solo con la punta delle dita e poi lavorando la pasta con le mani. Procedete con movimenti regolari per circa 15 minuti: quando l'impasto sarà liscio ed elastico, formate una palla, avvolgetela nella pellicola per alimenti e ponetela a riposare al fresco per un'ora. Trasferite poi la pasta sulla spianatoia infarinata e stendetela in una sfoglia sottilissima, di circa un millimetro di spessore. Infarinatela leggermente e ripiegatela su se stessa, senza schiacciarla, quindi, con un pesante coltello affilato, ritagliate dalla sfoglia tante strisce larghe 7 millimetri. Sollevate le tagliatelle con la lama del coltello e stendetele ad asciugare su un vassoio infarinato.

In una pentola portate a bollore abbondante acqua salata, tuffatevi le tagliatelle e cuocetele al dente. Scolatele, trasferitele in una zuppiera e conditele con una noce di burro, il ragù ben caldo e abbondante Parmigiano-Reggiano. A piacere, potete condire le tagliatelle anche con sugo di pomodoro, salsa di noci o prosciutto crudo rosolato nel burro.

INGREDIENTI: 320 g di **pasta all'uovo** (*vedi* pag. 66), 100 g di **lonza** di **maiale**, 30 g di **lardo**,1/2 spicchio di **aglio**, 1 rametto di **rosmarino**, 100 g di **prosciutto crudo**, 100 g di **Mortadella Bologna**, 150 g di **Parmigiano-Reggiano** grattugiato, 1 **uovo**, **noce moscata**, **brodo di cappone**, **burro**, **sale**, **pepe** in grani

Tortellini

Preparate un battuto con il lardo, l'aglio, il rosmarino, qualche grano di pepe e poco sale, spalmatelo sulla lonza e lasciatela riposare per un'ora, quindi ponetela a rosolare in un tegame con una noce di burro. Incoperchiate e lasciate arrostire per circa 20 minuti. Passate la carne al mixer con il prosciutto e la mortadella. Trasferite il composto in una ciotola e incorporatevi il Parmigiano-Reggiano, l'uovo e la noce moscata, amalgamando con le mani l'impasto fino a che non risulta omogeneo. Stendete la pasta all'uovo in una sfoglia sottile e tagliatela a strisce di circa 3 cm di lato, da cui ricaverete poi dei quadrati regolari. Ponete una porzione di ripieno al centro di ogni quadrato, quindi piegatelo a triangolo, premendo con le dita i bordi per sigillarli. Ripiegate su se stesso il lato lungo di ogni triangolo, a formare un bordo, quindi congiungetene le estremità, arrotolandole intorno a un dito e lasciando il risvolto verso l'esterno. Mentre si preparano i tortellini, la sfoglia rimasta va tenuta coperta con un foglio di pellicola per alimenti, in modo che non si asciughi. Lessate i tortellini nel brodo di cappone e serviteli nel loro brodo di cottura.

TEMPO DI PREPARAZIONE:
2 ore + 1 ora di riposo

DIFFICOLTÀ:
alta

ABBINAMENTO CONSIGLIATO:
Barbera Colli Bolognesi Montuì di Tenuta di Santa Croce (BO)

INGREDIENTI: 120 g di **semolino**, 4 **uova**, 80 g di **Parmigiano-Reggiano** grattugiato, 60 g di **Mortadella Bologna**, 80 g di **burro**, **noce moscata**, 1 l di **brodo di manzo** o **di cappone**, **sale**, **pepe**

Zuppa imperiale

In una terrina mescolate il semolino con i tuorli delle uova, il Parmigiano-Reggiano e la mortadella tritata. Unite il burro fuso e freddo, incorporate delicatamente gli albumi delle uova montati a neve ben ferma, salate, pepate e profumate con abbondante noce moscata. Amalgamate il composto e versatelo in una teglia da forno imburrata e spolverizzata con poco semolino. Cuocete in forno già caldo a 160 °C per circa 30 minuti, badando che la superficie non prenda colore. Lasciate raffreddare e tagliate a dadini. Portate a ebollizione il brodo, tuffatevi i dadini di semolino, togliete subito dal fuoco e servite, spolverizzando a piacere con Parmigiano-Reggiano grattugiato.

Si tratta di piatto semplice e saporito, tipico della zona di Faenza.

TEMPO DI PREPARAZIONE:
45 minuti

DIFFICOLTÀ:
bassa

ABBINAMENTO CONSIGLIATO:
Spumante Bianco Metodo Classico Extra Cuvée Brut di Bellei (MO)

INGREDIENTI: 800 g di **spezzatino di agnello**, 150 g di **piselli** sgranati, 80 g di **pancetta**, 3 cucchiai di **concentrato di pomodoro**, **brodo**, **olio extravergine di oliva**, **sale**, **pepe**

Agnello con piselli alla romagnola

TEMPO DI PREPARAZIONE:
1 ora

DIFFICOLTÀ:
media

ABBINAMENTO CONSIGLIATO:
Sangiovese di Romagna Riserva di Umberto Cesari (BO)

Tritate la pancetta e ponetela a rosolare in un capace tegame con un filo di olio; quando sarà trasparente, unite l'agnello e lasciatelo insaporire per 10 minuti. Aggiungete il concentrato di pomodoro stemperato in un mestolo di brodo, salate, pepate, incoperchiate e lasciate cuocere a fuoco lento per circa un'ora. Unite i piselli e lasciate cuocere per altri 45 minuti, bagnando con poco brodo se necessario. Servite ben caldo.

Dice un proverbio romagnolo: "La brasala 'd chijetar a la pè sempar più granda", «La braciola degli altri sembra sempre più grande».

INGREDIENTI: 1 kg di **anguille**, 1 piccola **cipolla**, 2 rametti di **rosmarino**, 1/2 bicchiere di **aceto**, 500 g di **polpa di pomodoro**, il **succo** di 1/2 **limone**, **sale**, **pepe**

Anguilla in umido

TEMPO DI PREPARAZIONE:
40 minuti

DIFFICOLTÀ:
media

ABBINAMENTO CONSIGLIATO:
Rosso Forlì Sangiovese Notturno di Drei Donà (FC)

Mondate, spellate ed eviscerate le anguille, quindi lavatele e, se sono grosse, tagliatele in tranci lunghi circa 6 centimetri. Tritate la cipolla e gli aghi di rosmarino e poneteli a rosolare in un tegame con un filo di olio.
Unite l'anguilla e lasciatela insaporire, quindi bagnate con l'aceto e lasciatelo evaporare. Unite la polpa di pomodoro, salate, pepate, incoperchiate e lasciate cuocere a fuoco basso per circa 20 minuti. Spruzzate con il succo del limone e servite.

Questo piatto, tipico delle Valli di Comacchio, dove l'anguilla viene ancora pescata secondo tecniche tradizionali, può essere servito con fette di polenta grigliata.

INGREDIENTI PER 6 PERSONE: 900 g di **polpa di vitello**, 1 **carota**, 2 **zucchine**, 150 g di **funghi porcini**, 100 g di **pancetta** a fettine, 1/2 **cipolla**, 3 dl di **brodo di carne**, **burro**, **olio extravergine di oliva**, **sale**

Arrosto morto di Borgotaro

Mondate e lavate la carota e le zucchine, quindi tagliatele a listarelle; mondate e affettate i funghi. Aprite a libro la carne, in modo da ottenere una grande fetta, e appiattitela con il batticarne. Disponete sulla fetta di carne le fettine di pancetta, le listarelle di carota e zucchina, quindi arrotolatela su se stessa e legatela con lo spago da cucina. Tritate la cipolla e ponetela ad appassire in un capace tegame con una grossa noce di burro e un filo di olio, unite la carne e lasciatela colorire uniformemente. Aggiungete i funghi, lasciateli insaporire per un minuto, quindi bagnate con il brodo e incoperchiate. Lasciate cuocere a fuoco dolcissimo per circa un'ora e mezza, bagnando con altro brodo se necessario. Lasciate riposare per qualche minuto l'arrosto prima di affettarlo e servirlo, irrorato con il suo intingolo.

Preparato con piccole varianti in tutta la Val di Taro, questo arrosto è sempre caratterizzato dal profumo dei porcini, per cui la valle è famosa.

TEMPO DI PREPARAZIONE:
2 ore

DIFFICOLTÀ:
media

ABBINAMENTO CONSIGLIATO:
Rosso Forlì Mito di Fattoria Paradiso (FC)

INGREDIENTI: 800 g di **canocchie**, 4 **acciughe** sotto sale, 2 spicchi di **aglio**, 150 g di **mollica** di pane raffermo, 1 ciuffo di **prezzemolo**, 80 g di **Parmigiano-Reggiano** grattugiato, 1 bicchiere di **vino bianco**, **olio extravergine di oliva**, **sale**, **pepe**

Canocchie ripiene

Dissalate le acciughe, tritatele finemente con gli spicchi di aglio, passate al mixer la mollica di pane e il prezzemolo; mescolate il tutto in una ciotola, unite il Parmigiano-Reggiano, salate, pepate, irrorate con mezzo bicchiere di olio e amalgamate il tutto fino a ottenere una farcia omogenea.

Mondate le canocchie, privandole delle zampe, della punta delle chele e della coda spinosa, quindi lavatele e incidetele lungo il dorso con un coltello affilato, attraverso il quale inserirete il ripieno preparato. Disponete le canocchie in una teglia da forno, bagnatele con il vino, completate con un filo di olio e cuocete in forno già caldo a 160 °C per 30 minuti. Servite subito.

Così farcite, le canocchie si possono cuocere anche sulla griglia, oppure friggere e, a piacere, ripassare in salsa di pomodoro.

TEMPO DI PREPARAZIONE:
1 ora

DIFFICOLTÀ:
alta

ABBINAMENTO CONSIGLIATO:
Colli Piacentini Sauvignon di La Tosa (PC)

INGREDIENTI PER 6 PERSONE: 1 **coniglio** disossato, il **fegato** del **coniglio**, 200 g di **polpa di vitello** macinata, 2 rametti di **finocchio** selvatico, 1 spicchio di **aglio**, 1 rametto di **rosmarino**, 50 g di **pancetta** a fettine, 1 bicchiere di **vino bianco**, **olio extravergine di oliva**, **sale**, **pepe**

Coniglio in porchetta

Stendete il coniglio su un tagliere, conditelo con sale, pepe e un trito di finocchio selvatico, aglio e rosmarino. Adagiatevi sopra le fette di pancetta, quindi completate con il fegatino del coniglio, tritato finemente, e con la carne macinata, condita con un pizzico di sale e uno di pepe; avvolgete il coniglio su se stesso, formando un rotolo, che legherete con spago da cucina. Ungete una teglia con abbondante olio e adagiatevi il rotolo, bagnate con metà del vino e cuocete in forno già caldo a 180 °C per circa un'ora. Bagnate con il rimanente vino, rimettete in forno e portate a cottura: occorreranno circa 45 minuti. Sfornate il coniglio e lasciatelo riposare per qualche minuto prima di affettarlo e servirlo.

Tra le varianti tradizionali di questa ricetta vi sono l'aggiunta di succo di limone e di strutto in cottura e l'assenza di carne macinata nella farcia.

TEMPO DI PREPARAZIONE:
2 ore

DIFFICOLTÀ:
media

ABBINAMENTO CONSIGLIATO:
Sangiovese di Romagna Superiore Riserva Domus Caia di Ferrucci (RA)

INGREDIENTI PER 6 PERSONE:

1 **Cotechino Modena** da ca. 400 g, 1 fetta di **manzo** da ca. 400 g, 180 g di **prosciutto crudo** a fettine, 1/2 **cipolla**, 1 bicchiere di **vino rosso**, **brodo di carne**, **burro**, **sale**

Cotechino in galera

Pungete il cotechino in diversi punti con uno stecchino, quindi lessatelo in acqua inizialmente fredda per circa 45 minuti; scolatelo e spellatelo. Battete la fetta di manzo, copritela con le fettine di prosciutto e, al centro, ponete il cotechino. Arrotolate il tutto e legate con spago da cucina. Tritate finemente la cipolla e fatela appassire in un tegame con una grossa noce di burro. Unite il rotolo di cotechino, fatelo rosolare, quindi bagnate con il vino e lasciatelo evaporare. Salate leggermente, incoperchiate e lasciate cuocere a fuoco moderato per circa un'ora e mezza, bagnando spesso con brodo caldo. Lasciate riposare per qualche minuto prima di eliminare il filo e tagliare il rotolo a fette piuttosto spesse, che servirete irrorate con il loro sugo.

TEMPO DI PREPARAZIONE:
3 ore

DIFFICOLTÀ:
bassa

ABBINAMENTO CONSIGLIATO:
Lancellotta Emilia Tommasino di Albinea Canali (RE)

Tipicamente modenese, questo piatto deve il suo nome all'involucro che avvolge il cotechino, chiuso nella fetta di carne come in una prigione.

INGREDIENTI: 500 g di **Pancetta Piacentina**, 500 g di **piselli** sgranati, 1 **cipolla**, 2 cucchiai di **concentrato di pomodoro**, **burro**, **sale**

Panzëtta e riviott

Pancetta e piselli

Tritate 100 g di pancetta e tagliate la rimanente a cubetti. Affettate finemente la cipolla e ponetela a rosolare in un tegame con una grossa noce di burro e con la pancetta tritata; unite il concentrato di pomodoro stemperato in un mestolino di acqua calda, lasciate insaporire per qualche minuto, quindi aggiungete la pancetta a pezzi. Dopo circa 5 minuti unite i piselli e portateli a cottura, bagnando spesso con acqua bollente: occorreranno circa 25 minuti. Regolate di sale e servite.

TEMPO DI PREPARAZIONE:
40 minuti

DIFFICOLTÀ:
bassa

ABBINAMENTO CONSIGLIATO:
Malvasia Duchessa Isabella Frizzante Secco di Castelli del Duca (PC)

Questa preparazione contadina, tipica del Piacentino, è tradizionalmente servita nel periodo della mietitura.

INGREDIENTI: 800 g di **polpa** di **cavallo** macinata, 50 g di **lardo**, 2 **cipolle**, 1 bicchiere di **vino bianco**, 400 g di **pomodori** maturi, 2 **peperoni**, 1 spicchio di **aglio**, 1 rametto di **rosmarino**, 4 foglioline di **salvia**, 1 ciuffo di **prezzemolo**, **olio extravergine di oliva**, **sale**, **pepe**
PER ACCOMPAGNARE: **polenta** (facoltativa)

Pìcula ad caval

Piccola di cavallo

Tritate il lardo e le cipolle, raccogliete il tutto in un tegame con 2 cucchiai di olio e lasciate rosolare dolcemente. Unite la carne e fatela insaporire per qualche minuto, mescolando spesso. Bagnate con il vino, incoperchiate e lasciate cuocere per circa 45 minuti. Nel frattempo, mondate e tritate grossolanamente i pomodori e i peperoni. A parte, tritate finemente l'aglio con le erbe aromatiche. Aggiungete alla carne in cottura i pomodori e i peperoni, lasciate cuocere ancora per 40 minuti, quindi unite il trito aromatico e lasciate insaporire per 10 minuti. Servite subito, accompagnando a piacere con una polenta fumante.

Nel Piacentino si dice:
"Al bon mangiä e al bon bév
a l'è cul c'fa lüs al pél",
«Il buon mangiare e il buon bere
fanno luccicare il pelo».

TEMPO DI PREPARAZIONE:
2 ore

DIFFICOLTÀ:
bassa

ABBINAMENTO CONSIGLIATO:
Colli Piacentini Gutturnio di La Stoppa (PC)

INGREDIENTI: 2 kg di **vongole**, 2 spicchi di **aglio**, 1 ciuffo di **prezzemolo**, **olio extravergine di oliva**, **sale grosso**, fette di **pane abbrustolito**

Poveracce alla marinara

Mettete le vongole a spurgare in abbondante acqua leggermente salata per 3 ore, rinnovando alcune volte il liquido. Eliminate quelle che vengono a galla, scolate le rimanenti e lavatele. In una capace casseruola ponete a soffriggere l'aglio sbucciato e leggermente schiacciato in 5 cucchiai di olio. Quando sarà leggermente imbiondito, unite le vongole e lasciatele cuocere fino a che non si saranno aperte. Cospargete con il prezzemolo tritato e servite, accompagnando con fette di pane abbrustolito.

Delle vongole, le "poveracce", cibo povero per eccellenza, in Romagna si dice: "Puret chi la pesca, puret chi la vend, puret chi la magna", «Poveretto chi le pesca, chi le vende e chi le mangia».

TEMPO DI PREPARAZIONE:
20 minuti + 3 ore di riposo

DIFFICOLTÀ:
bassa

ABBINAMENTO CONSIGLIATO:
Aulente Bianco Rubicone di San Patrignano (RN)

INGREDIENTI: 500 g di **rognoni di vitello**, 1 spicchio di **aglio**, 1 grosso ciuffo di **prezzemolo**, 1/2 **cipolla**, il **succo** di 1 **limone**, **burro**, **sale**, **pepe**

Rognoni trifolati

Lasciate i rognoni in ammollo in acqua fredda per 2 ore, quindi sgocciolateli, privateli del grasso e affettateli finemente. Tritate l'aglio con metà del prezzemolo e la cipolla e ponete il tutto ad appassire in un tegame con una grossa noce di burro. Quando il trito sarà imbiondito, unite il rognone e lasciatelo rosolare. Salate, pepate e cuocete per 15 minuti. Completate con il rimanente prezzemolo tritato, bagnate con il succo di limone e servite.

TEMPO DI PREPARAZIONE:
30 minuti + 2 ore di riposo

DIFFICOLTÀ:
bassa

ABBINAMENTO CONSIGLIATO:
Colli Piacentini Gutturnio Vignamorello di La Tosa (PC)

Piatto tipico di Parma, si serve in genere accompagnato da fette di polenta abbrustolita o con contorno di funghi.

INGREDIENTI PER 6 PERSONE:
1 **filetto di storione** da ca. 1 kg, 1 **cipolla**, 1/2 gambo di **sedano**, 3 spicchi di **aglio**, 1 foglia di **alloro**, 1 bottiglia di **vino bianco** secco, **prezzemolo**, 5 **filetti di acciuga** sotto sale, 3 cucchiai di **concentrato di pomodoro**, **olio extravergine di oliva**, **sale**, **pepe**

Storione in umido alla ferrarese

Spellate lo storione, sciacquatelo sotto l'acqua corrente, asciugatelo e tagliatelo in fette spesse circa 2 centimetri. Tritate la cipolla con 2 spicchi di aglio, il sedano e l'alloro. Distribuite metà del trito sul fondo di un grande piatto, disponetevi sopra i tranci di pesce e cospargeteli con il rimanente trito; salate, pepate, irrorate con il vino, coprite con un foglio di pellicola per alimenti e lasciate marinare per 2 ore e mezza. Tritate il rimanente aglio con il prezzemolo. Dissalate le acciughe e fatele sciogliere su fuoco basso in un capace tegame, possibilmente di coccio, con mezzo bicchiere di olio, mescolando con una forchetta. Unite il trito, lasciatelo imbiondire, quindi aggiungete lo storione sgocciolato. Rosolate a fuoco vivo le fette su entrambi i lati, salate, pepate e bagnate con metà della marinata, precedentemente filtrata. Portate a ebollizione, unite il concentrato di pomodoro sciolto in poca acqua, riducete la fiamma e lasciate cuocere per circa 15 minuti. Sgocciolate le fette e disponetele sul piatto; fate addensare a fuoco vivo il fondo di cottura, quindi versatelo sulle fette e servite.

TEMPO DI PREPARAZIONE:
45 minuti
+ 2 ore e 30 minuti di riposo

DIFFICOLTÀ:
bassa

ABBINAMENTO CONSIGLIATO:
Monte di Cambro Albana di Romagna Seccodi Poggio Pollino (BO)

INGREDIENTI PER 6 PERSONE:
1,2 kg di **sottocoscia di manzo**, 80 g di **pancetta** a bastoncini,1 **cipolla**, 1 bicchiere di **vino rosso**, 2 cucchiai di **concentrato di pomodoro**, **brodo di carne**, **burro**, **sale**, **pepe**

Stracotto di manzo

Lardellate il manzo con metà della pancetta, praticando con una lama affilata delle piccole incisioni nella carne, in cui infilerete i bastoncini di pancetta. Tritate la rimanente pancetta, affettate a velo la cipolla e ponete il tutto a rosolare in un capace tegame con una grossa noce di burro. Quando la cipolla sarà appassita, unite la carne e lasciatela colorire uniformemente su fuoco basso; salate, pepate, bagnate con il vino e lasciatelo evaporare.
Unite il concentrato di pomodoro stemperato in un mestolo di brodo, incoperchiate e lasciate cuocere per circa 4 ore, bagnando con altro brodo se necessario.
Servite lo stracotto caldo, accompagnato a piacere da polenta o purè di patate.

Lo stracotto si prepara in tutta la Regione in molte varianti, che vanno dal tipo di carne utilizzato agli aromi, dalla presenza della lardellatura all'utilizzo della marinata. Questa è la ricetta più diffusa nel Piacentino.

TEMPO DI PREPARAZIONE:
4 ore e 30 minuti

DIFFICOLTÀ:
bassa

ABBINAMENTO CONSIGLIATO:
Sangiovese di Romagna Superiore Riserva Bagnolo di Giba (FC)

INGREDIENTI: 1 kg di **trippa di vitello**, 1 gambo di **sedano**, 1 **carota**, 1 **cipolla**, 2 cucchiai di **concentrato di pomodoro**, **brodo di carne**, **Parmigiano-Reggiano** grattugiato, **burro**, **sale**

Trippa alla parmigiana

Lavate la trippa in acqua fredda, sgocciolatela e tagliatela a strisce, che scotterete in acqua bollente salata.

Tritate il sedano, la carota e la cipolla e ponete il tutto a rosolare dolcemente in una capace casseruola. Quando il trito sarà appassito, unite la trippa ben sgocciolata e lasciatela insaporire per circa 10 minuti. Aggiungete il concentrato di pomodoro stemperato in un mestolo di brodo, salate, pepate, incoperchiate e lasciate cuocere per almeno 2 ore, bagnando con altro brodo se necessario. A fine cottura mantecate con una noce di burro. Distribuite la trippa nei piatti fondi individuali, spolverizzate con abbondante Parmigiano-Reggiano e servite.

La trippa si serve in tutta l'Emilia-Romagna, preparata in diverse varianti: a Bologna è arricchita con pancetta e uova sbattute, mentre a Piacenza si accompagna con i fagioli.

TEMPO DI PREPARAZIONE:
3 ore

DIFFICOLTÀ:
bassa

ABBINAMENTO CONSIGLIATO:
Lambrusco Spumante Metodo Classico Brutrosso Riserva di Bellei (MO)

INGREDIENTI PER 6 PERSONE:
1 **Zampone Modena** da ca. 1 kg, 5 **tuorli**,
1/2 bicchiere di **vino bianco**, **Aceto Balsamico Tradizionale di Modena**, **zucchero**, **sale**
PER IL PURÈ DI PATATE: 500 g di **patate** farinose, 1 bicchiere di **latte**, **burro**, **sale**

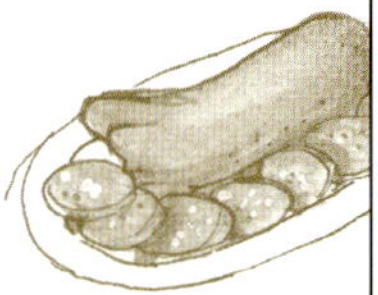

Zampone allo zabaione con purè

Lasciate in ammollo lo zampone in acqua fredda per una notte, quindi sgocciolatelo. Con uno spiedo o con un grosso ago punzecchiate lo zampone vicino alle unghie, quindi avvolgetelo in un telo pulito (1). Ponetelo nell'apposito tegame o in una capace pentola, copritelo di acqua fredda, incoperchiate, portate a bollore e lasciate sobbollire per circa 3 ore a fuoco basso. Se fosse necessario, aggiungete altra acqua bollente durante la cottura.
Nel frattempo preparate il purè: lessate le patate con la buccia in acqua salata, inizialmente fredda. Scolatele dopo circa 45 minuti (il tempo di cottura dipende dalle dimensioni delle

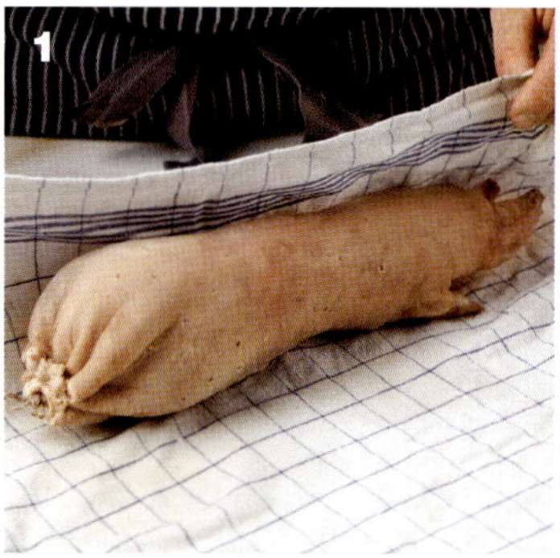

1. *Avvolgete lo zampone in un telo.*

2. *Passate le patate allo schiacciapatate.*

TEMPO DI PREPARAZIONE:
3 ore + 12 ore di riposo

DIFFICOLTÀ:
media

ABBINAMENTO CONSIGLIATO:
Vigneto Enrico Cialdini Lambrusco Grasparossa di Cleto Chiarli (MO)

patate), sbucciatele e passatele ancora calde allo schiacciapatate (2), raccogliendo il ricavato in una casseruola. Portate il recipiente su fuoco basso, unite una grossa noce di burro e fatela sciogliere mescolando. Aggiungete il latte caldo, poco per volta, continuando a mescolare fino a ottenere un composto soffice; regolate di sale e conservate in caldo.
Ponete in una bastardella adatta alla cottura a bagnomaria i tuorli, il vino, un cucchiaio di Aceto Balsamico, 2 cucchiai di zucchero e un pizzico di sale; immergete la bastardella in un bagnomaria caldo, portate su fuoco dolce e lavorate il tutto con una frusta (3), in modo da ottenere uno zabaione gonfio e denso.
A cottura ultimata, lasciate riposare lo zampone per 10 minuti nella sua acqua di cottura, quindi sgocciolatelo, liberatelo dall'involucro di tela e servitelo a fette spesse circa un centimetro (4), accompagnato dallo zabaione e dal purè.

3. *Con la frusta montate le uova con vino, aceto balsamico, zucchero e sale.*

4. *Togliete lo zampone dall'involucro di tela e affettatelo.*

La tradizione di servire lo zampone con questa salsa sembra derivare dalle influenze austriache che interessarono la cucina parmigiana: da Parma l'usanza si sarebbe poi diffusa a Modena.

Zampone allo zabaione con purè

INGREDIENTI: 16 **asparagi**, **Parmigiano-Reggiano** grattugiato, 100 g di **burro**, **sale**, **pepe** in grani

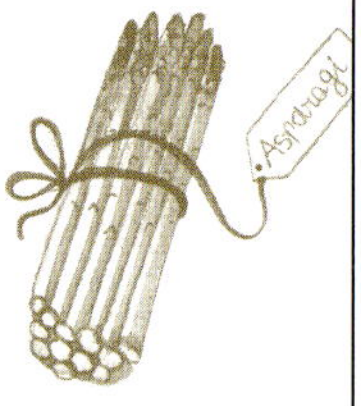

Asparagi alla parmigiana

Spuntate gli asparagi, eliminando la parte più dura dei gambi, quindi raschiate la parte bianca. Lavateli, legateli a mazzo e immergeteli in abbondante acqua bollente salata, in modo che le punte rimangano fuori dall'acqua, tutte alla stessa altezza. Incoperchiate e lasciate cuocere per circa 20 minuti. Nel frattempo, in un tegamino fate fondere e imbiondire il burro. Sgocciolate gli asparagi, slegateli e disponeteli in un piatto. Cospargeteli con 8 cucchiai di Parmigiano-Reggiano, irrorate con il burro fuso, completate con pepe appena macinato e serviteli ben caldi.

TEMPO DI PREPARAZIONE:
30 minuti

DIFFICOLTÀ:
bassa

ABBINAMENTO CONSIGLIATO:
Colli di Parma Sauvignon di Monte delle Vigne (PR)

I migliori asparagi per realizzare questa ricetta sono gli Asparagi Verdi di Altedo, coltivati tra Bologna e Ferrara.

INGREDIENTI: 800 g di **cardi**, il **succo** di 1/2 **limone**, **pangrattato**, **Parmigiano-Reggiano** grattugiato, **burro**, **sale**

Cardi alla parmigiana

Mondate i cardi, privandoli dei filamenti, lavateli, tagliateli a tronchetti di circa 8 cm di lunghezza e lessateli in acqua bollente salata e acidulata con il succo del limone. Lasciateli bollire per circa 20 minuti, o fino a che non saranno teneri, quindi distribuiteli a strati in una teglia da forno imburrata e spolverizzata di pangrattato, condendo ogni strato con abbondante Parmigiano-Reggiano e con fiocchetti di burro. Cuocete in forno già caldo a 180 °C per 30 minuti, sfornate e servite.

TEMPO DI PREPARAZIONE:
1 ora

DIFFICOLTÀ:
bassa

ABBINAMENTO CONSIGLIATO:
Colli Piacentini Ortrugo di Santa Giustina (PC)

Con questo stesso procedimento si possono cucinare contorni di fagiolini, zucchine, spinaci o erbette.

INGREDIENTI: 2 kg di **cipolle bianche**, 150 g di **pomodori** freschi pelati, 1/2 cucchiaino di **zucchero**, 1 cucchiaio di **strutto**, 1/2 cucchiaino di **sale grosso**

Friggione

TEMPO DI PREPARAZIONE:
1 ora e 20 minuti

DIFFICOLTÀ:
bassa

ABBINAMENTO CONSIGLIATO:
Colli Bolognesi Sauvignon Superiore di Gaggioli (BO)

Affettate le cipolle a velo, cospargetele con il sale e lo zucchero e lasciatele macerare per circa 2 ore. Trascorso il tempo indicato, versatele in un capace tegame, unite lo strutto e fate cuocere a fuoco dolce per circa 2 ore. Aggiungete i pomodori, precedentemente mondati, lavati e grossolanamente tritati, e lasciate cuocere ancora per un'ora.

A metà strada tra un sugo e un contorno, il friggione si utilizza per accompagnare tanto le carni bollite quanto la polenta.

INGREDIENTI: 200 g di **patate**, 200 g di **peperoni**, 4 **pomodori** maturi, 1 **cipolla**, 100 g di **lardo**, 1 spicchio di **aglio**, **sale**, **pepe**

Frizzagna

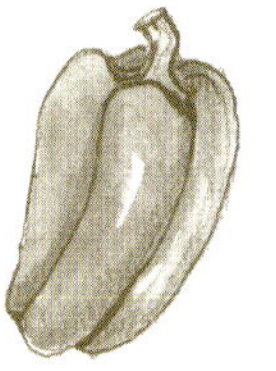

Pelate le patate e tagliatele a tocchetti; mondate i peperoni, privandoli dei semi e dei filamenti bianchi interni, lavateli e sminuzzateli: mondate, lavate e tritate grossolanamente i pomodori; affettate a velo la cipolla. Tritate il lardo con l'aglio e ponete il trito in una casseruola insieme con le patate, i peperoni e la cipolla. Salate, pepate, incoperchiate e lasciate cuocere per circa 30 minuti, quindi unite i pomodori e lasciate cuocere, a fuoco moderato e a tegame coperto, per altri 30 minuti. Servite caldo.

Un contorno semplicissimo, legato alla tradizione contadina reggiana.

TEMPO DI PREPARAZIONE:
1 ora e 20 minuti

DIFFICOLTÀ:
bassa

ABBINAMENTO CONSIGLIATO:
Colli Bolognesi Pinot Bianco Crilò di Gaggioli (BO)

INGREDIENTI: 800 g di **funghi porcini**, 2 spicchi di **aglio**, 1 ciuffo di **prezzemolo**, **burro**, **olio extravergine di oliva**, **sale**

Funghi trifolati

Mondate i funghi, strofinateli con un panno umido per rimuovere tutti i residui di terriccio, quindi tagliateli in fette piuttosto sottili. In una padella fate rosolare dolcemente l'aglio sbucciato con una noce di burro e 2 cucchiai di olio. Quando sarà imbiondito, eliminate l'aglio e unite i funghi. Salate e lasciate cuocere a fuoco medio per 15-20 minuti. A fine cottura cospargete di prezzemolo tritato e servite.

Salendo al passo della Cisa è ancora oggi possibile incontrare donne che vendono funghi lungo la strada: un segnale di autentica tipicità ai margini dell'IGP Fungo di Borgotaro.

TEMPO DI PREPARAZIONE:
25 minuti

DIFFICOLTÀ:
bassa

ABBINAMENTO CONSIGLIATO:
Colli Piacentini Bonarda Duca Ottavio di Castelli del Duca (PC)

INGREDIENTI: 800 g di **patate**, 1 **cipolla**, 1 spicchio di **aglio**, 1 ciuffo di **prezzemolo**, **latte**, **Parmigiano-Reggiano** grattugiato, **burro**, **olio extravergine di oliva**, **sale**

Patate mescè

Sbucciate le patate, tagliatele in quarti e cuocetele in acqua salata inizialmente fredda. Appena saranno tenere, scolatele e schiacciatele grossolanamente con una forchetta. Tritate la cipolla con l'aglio e il prezzemolo e ponete il tutto a rosolare in una casseruola con una noce di burro e 3 cucchiai di olio. Quando il trito sarà appassito, unite le patate e lasciatele insaporire per qualche minuto, mescolando di continuo. Aggiungete mezzo bicchiere di latte, mescolate, spolverizzate con Parmigiano-Reggiano grattugiato e servite.

Questo semplice contorno è tipico della Val d'Aveto, al confine con la Liguria.

TEMPO DI PREPARAZIONE:
1 ora

DIFFICOLTÀ:
bassa

ABBINAMENTO CONSIGLIATO:
per questa ricetta non è previsto alcun abbinamento.

INGREDIENTI: 4 grossi **porcini**, 1 **uovo**, **pangrattato**, **burro**, **olio di oliva**, **sale**

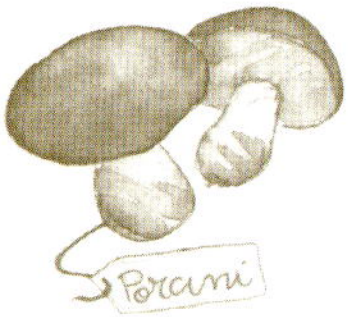

Porcini fritti

Mondate i funghi, strofinateli con un panno umido per rimuovere tutti i residui di terriccio, quindi tagliateli in fette spesse circa un centimetro e mezzo. Passatele una alla volta nell'uovo sbattuto, quindi nel pangrattato, premendo con le mani perché aderisca perfettamente. In una padella fate scaldare un misto di olio e burro; quando il composto sarà spumeggiante, tuffatevi i porcini. Sgocciolateli con un mestolo forato appena sono dorati e trasferiteli su carta assorbente da cucina perché perdano l'unto in eccesso. Salate leggermente i funghi e serviteli caldi.

Secondo un proverbio "i cumplimeint ein come i fonz: i piò bê i ein i piò velenôs", «i complimenti sono come i funghi: i più belli sono i più velenosi».

TEMPO DI PREPARAZIONE:
30 minuti

DIFFICOLTÀ:
bassa

ABBINAMENTO CONSIGLIATO:
Modèn Brut Pignoletto Spumante di Cleto Chiarli (MO)

INGREDIENTI: 500 g di **Scalogni di Romagna**, **aceto**, **olio extravergine di oliva**, **sale grosso**

Scalogni sott'olio

Pelate gli scalogni, raccoglieteli in una ciotola e ricopriteli di sale. Lasciateli riposare per un giorno intero, quindi liberateli dal sale e trasferiteli in un secondo recipiente. Copriteli di aceto e lasciateli riposare per altre 24 ore. Scolate gli scalogni, asciugateli perfettamente con un canovaccio pulito e suddivideteli nei vasetti di vetro a chiusura ermetica, precedentemente sterilizzati in acqua bollente. Coprite completamente di olio, chiudete e sigillate i barattoli, quindi riponeteli in un luogo fresco e riparato dalla luce. Lasciate riposare gli scalogni per almeno un mese prima di servirli ad accompagnare carni lessate o bollite.

Nelle campagne romagnole,
fino a qualche decennio fa,
le famiglie si riunivano sull'aia
per pulire gli scalogni,
tra chiacchiere e buon vino,
al suono della fisarmonica.

TEMPO DI PREPARAZIONE:
30 minuti + 2 giorni di riposo + 30 giorni di maturazione

DIFFICOLTÀ:
bassa

ABBINAMENTO CONSIGLIATO:
per questa ricetta non è previsto alcun abbinamento.

INGREDIENTI: 1 kg di **prugnole**, 1 l di **alcol a 95°**, 1 kg di **zucchero**

Bargnolino

Mondate, lavate e asciugate accuratamente le prugnole, quindi raccoglietele in un vaso di vetro a bocca larga, ricopritele di alcol e chiudete il recipiente. Lasciate in infusione per 45 giorni. Preparate uno sciroppo portando a ebollizione lo zucchero con 5 dl di acqua. Filtrate e versate nelle bottiglie di vetro l'infuso di prugnole, unite lo sciroppo di zucchero freddo e tappate ermeticamente. Lasciate maturare per altri 45 giorni prima di servire.

Le prugnole, prugne selvatiche, "bargnó" in dialetto, si raccolgono in estate. Con i frutti si prepara nelle zone dell'Appennino questo digestivo, che può essere reso più aromatico sostituendo all'acqua altrettanto vino Gutturnio.

TEMPO DI PREPARAZIONE:
20 minuti + 90 giorni di maturazione

DIFFICOLTÀ:
bassa

ABBINAMENTO CONSIGLIATO:
per questa ricetta non è previsto alcun abbinamento.

INGREDIENTI: 1 kg di **mandorle** pelate, 3 **albumi**,
2 dl di **liquore Sassolino** (o **liquore all'anice**),
100 g di **zucchero**, **gelatina di albicocche**
PER LA MERINGA: 100 g di **albumi**,
100 g di **zucchero semolato**, 100 g di **zucchero a velo**, **sale**
PER GUARNIRE: 2 **ciliegie candite**, 1 **scorzetta di arancia candita**

Biscione reggiano

Passate al mixer le mandorle fino a ridurle in polvere sottile, trasferitele in una ciotola e amalgamatele con gli albumi, il liquore e lo zucchero. Mescolate fino a ottenere un composto omogeneo che, con le mani, sagomerete a formare una "biscia" arrotolata. Deponetela su una placca foderata di carta da forno e date forma alla testa, allargando e appiattendo un'estremità, e alla coda, assottigliando quella opposta. Cuocete in forno già caldo a 180 °C per 30 minuti.
Sfornate, spennellate la pasta con la gelatina di albicocche e lasciate raffreddare.
Preparate la meringa: montate gli albumi a neve fermissima con metà dei 2 tipi di zucchero e un pizzico di sale.
Incorporate il rimanente zucchero, sempre lavorando con la frusta, quindi distribuite la meringa ottenuta sulla biscia di pasta.
Guarnite la testa del biscione, ponendo le ciliegie candite al posto degli occhi e la scorzetta di arancia a formare la lingua. Passate in forno già caldo a 100 °C per circa 10 minuti, quindi abbassate la temperatura a 80 °C e lasciate asciugare completamente la meringa: occorreranno circa 2 ore.

TEMPO DI PREPARAZIONE:
3 ore e 30 minuti
DIFFICOLTÀ:
alta

ABBINAMENTO CONSIGLIATO:
Vino da Tavola Bianco Lieto Evento Malvasia Dolce di Rinaldini (RE)

INGREDIENTI PER 6 PERSONE: 1,5 l di **latte**, 500 g di **farina**, 150 g di **zucchero**, la **scorza** di 1 **limone**, 3 **uova**, 5 **tuorli**, **noce moscata**, **burro**, **sale**

Casadello

È un antico dolce romagnolo, preparato un tempo in occasione della fine del raccolto.

Setacciate la farina a fontana sulla spianatoia; al centro versate un bicchiere d'acqua e un pizzico di sale. Impastate, aggiungendo poca acqua se necessario, fino a ottenere un composto omogeneo, che lascerete riposare per un'ora, coperto con un canovaccio. Portate a ebollizione il latte con lo zucchero e la scorza di limone; lasciate sobbollire dolcemente per circa un'ora, mescolando spesso. Togliete dal fuoco, filtrate e lasciate raffreddare. In una ciotola sbattete i tuorli delle uova, unite il latte a filo, continuando a mescolare, quindi incorporate delicatamente gli albumi montati a neve ben ferma. Profumate con noce moscata grattugiata e lasciate riposare per circa 10 minuti. Nel frattempo stendete la pasta in modo da ottenere 2 dischi, uno di 30 cm di diametro e l'altro più grande. Utilizzate il secondo per foderare il fondo e le pareti di uno stampo rotondo da 30 cm, precedentemente imburrato, lasciando debordare la pasta eccedente, e farcitelo con il composto di latte. Coprite con la seconda sfoglia e sigillate i bordi ripiegando la pasta eccedente. Coprite il casadello con un foglio di alluminio per alimenti imburrato. Cuocete in forno già caldo a 180 °C per 45 minuti. Sfornate e lasciate raffreddare il casadello prima di sformarlo e servirlo, spolverizzato di zucchero.

TEMPO DI PREPARAZIONE:
2 ore e 30 minuti

DIFFICOLTÀ:
alta

ABBINAMENTO CONSIGLIATO:
Albana di Romagna Passito Scaccomatto di Fattoria Zerbina (RA)

INGREDIENTI: 400 g di **farina**, 2 **uova**, 100 g di **zucchero**, 60 g di **burro**, 1 bustina di **lievito**, **rum**, **olio di oliva**, **sale**, **zucchero a velo**

Castagnole

In una ciotola amalgamate le uova con lo zucchero, unite il burro (o una pari quantità di strutto), quindi incorporate la farina setacciata con il lievito, versandola a pioggia e continuando a mescolare. Salate leggermente, aromatizzate con mezzo bicchierino di rum e amalgamate il tutto. Prendete l'impasto a piccole cucchiaiate, in modo da ottenere tante palline grandi poco più di una noce, e friggetele, poche alla volta, in abbondante olio caldo: tradizionalmente si utilizzava lo strutto. Sgocciolate le frittelle appena sono dorate, trasferitele su carta assorbente da cucina perché perdano l'unto in eccesso, spolverizzatele di zucchero a velo e servitele calde.

TEMPO DI PREPARAZIONE:
45 minuti

DIFFICOLTÀ:
bassa

ABBINAMENTO CONSIGLIATO:
Malvasia Dolce di Monte delle Vigne (PR)

Dolce tipico del Carnevale, le castagnole sono simili ad altre frittelle preparate nel resto d'Italia nella stessa occasione.

INGREDIENTI PER 6 PERSONE: 500 g di **farina**, 4 **uova**, 250 g di **zucchero**, 1 bustina di **lievito**, 150 g di **burro**, la **scorza** di 1 **limone**, **latte**, **sale**

Ciambellone bolognese

Sbattete 3 uova con lo zucchero fino a ottenere un composto chiaro e spumoso, quindi incorporate la farina setacciata con il lievito, versandola a pioggia e continuando a mescolare. Aggiungete il burro fuso e freddo, la scorza grattugiata di un limone e un pizzico di sale; amalgamate il tutto, unendo poco latte se necessario: l'impasto dovrà essere piuttosto consistente. Versate il composto in uno stampo per ciambelle imburrato e infarinato, spennellate la superficie del dolce con il rimanente uovo sbattuto e cuocete in forno già caldo a 180 °C per circa 30 minuti, o fino a che la superficie non sarà dorata. Sfornate e lasciate raffreddare il ciambellone prima di sformarlo e servirlo.

!

TEMPO DI PREPARAZIONE:
1 ora

DIFFICOLTÀ:
bassa

ABBINAMENTO CONSIGLIATO:
Albana di Romagna Passito Frutto Proibito di Fattoria Paradiso (FC)

Semplice e fragrante, questa ciambella si può gustare a colazione o a merenda.

INGREDIENTI: 1 kg di **mele cotogne** mature, 800 g di **zucchero**, il **succo** di 1 **limone**, **grappa**

Cotognata

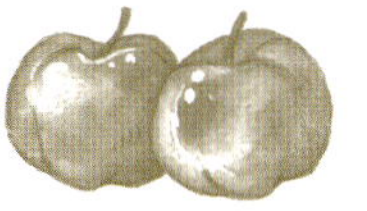

Lavate le mele cotogne, ponetele in una capace pentola, ricopritele d'acqua fredda, portate a bollore e lasciate cuocere fino a che la buccia delle cotogne non inizierà a spaccarsi: occorrerà circa un'ora. Scolate le mele, privatele dei torsoli e tagliatele a pezzetti, trasferitele nuovamente nella pentola, aggiungete lo zucchero e il limone affettato sottilmente, quindi portate su fuoco moderato e lasciate cuocere per circa 45 minuti, mescolando spesso.
Passate il composto ancora caldo al passaverdura, raccogliendo il ricavato nella stessa pentola; portatela di nuovo sul fuoco e fate asciugare la marmellata fino a che non si staccherà dalla pentola. Rovesciate la cotognata ancora calda in una vaschetta di alluminio, livellate la superficie, spennellatela di grappa e lasciatela asciugare per un giorno intero prima di servirla.

TEMPO DI PREPARAZIONE:
2 ore e 30 minuti

DIFFICOLTÀ:
bassa

ABBINAMENTO CONSIGLIATO:
per questa ricetta non è previsto alcun abbinamento.

In Emilia con le mele cotogne si prepara anche un particolare liquore, lo "sburlon", letteralmente «spintone», ottenuto dalla macerazione delle bucce dei frutti in alcol e zucchero.

INGREDIENTI PER 6 PERSONE: 8 dl di **panna fresca**, 2 **albumi**, 120 g di **zucchero**, **acqua di fiori d'arancio**, **sale**

Lattemiele

Montate la panna. A parte, montate gli albumi a neve ben ferma con un pizzico di sale. Mescolate delicatamente i 2 ingredienti, quindi incorporate lo zucchero e qualche goccia di acqua di fiori d'arancio. Distribuite la crema nelle coppe individuali e servite, accompagnando a piacere con biscotti.

TEMPO DI PREPARAZIONE:
20 minuti

DIFFICOLTÀ:
bassa

ABBINAMENTO CONSIGLIATO:
Colli Piacentini Malvasia di La Stoppa (PC)

Antica preparazione contadina, attestata già nel XVII secolo, deve il proprio nome alla sua bontà.

INGREDIENTI: 25 **noci** fresche con il mallo, 1 l di **alcol a 95°**, la **scorza** di 1 **limone**, 10 **chiodi di garofano**, 2 stecche di **cannella**, 600 g di **zucchero**.

Nocino

Pulite le noci, pestatele leggermente e raccoglietele in un vaso di vetro a bocca larga. Unite la scorza di limone e gli aromi, chiudete il recipiente e lasciate in infusione per 30 giorni, agitando il composto di tanto in tanto. Preparate uno sciroppo portando a ebollizione lo zucchero con 6 dl di acqua. Filtrate e versate nelle bottiglie di vetro l'infuso di noci, unite lo sciroppo di zucchero e tappate ermeticamente. Lasciate maturare il nocino per almeno un mese prima di servirlo.

Nel Parmigiano, terra di origine di questo digestivo, è tradizione raccogliere le noci ancora verdi la notte di San Giovanni, il 24 giugno.

TEMPO DI PREPARAZIONE:
30 minuti + 60 giorni di maturazione

DIFFICOLTÀ:
bassa

ABBINAMENTO CONSIGLIATO:
per questa ricetta non è previsto alcun abbinamento.

INGREDIENTI: 1 kg di **mosto di uva nera**,
1,5 kg di **frutta mista** (mele, pere, fichi, mele cotogne, pesche),
la **scorza** di 1 **limone**, **cannella** in polvere

Savor

TEMPO DI PREPARAZIONE:
3 ore e 30 minuti

DIFFICOLTÀ:
bassa

ABBINAMENTO CONSIGLIATO:
Bianco di Toscana Lauro di Podere La Regola (PI)

Lavate la frutta, sbucciatela e tagliatela a pezzi. Raccoglietela in una capace pentola con la scorza di limone a pezzetti e la cannella e coprite il tutto con il mosto: se non ne disponete, potete utilizzare il succo ottenuto centrifugando l'uva fresca. Incoperchiate, portate a bollore e lasciate cuocere a fuoco bassissimo per circa 3 ore, mescolando molto spesso. Versate il savor bollente nei vasi di vetro a chiusura ermetica, precedentemente sterilizzati, tappate i recipienti e lasciate raffreddare: si conserva a lungo.

A piacere, potete arricchire la preparazione con scorze di arancia, gherigli di noce, mandorle pelate e pezzi di polpa di zucca.

Tipicamente romagnolo, il savor si gusta sul pane, con la polenta, per accompagnare le carni o i formaggi o come ingrediente di dolci.

INGREDIENTI: 100 g di **miele liquido**, **vino bianco**, 50 g di **fette biscottate**, 150 g di **frutta secca** sgusciata e spellata (mandorle, nocciole e noci), **cannella** in polvere, **coriandolo** in polvere, **noce moscata**, **pepe**, 50 g di **canditi** (arancia e cedro), 20 g di **pinoli**, 30 g di **uva passa**, **brandy**, **zucchero a velo**

PER LA PASTA: 200 g di **farina**, 50 g di **zucchero**, 50 g di **burro**, **vino bianco** secco, **olio extravergine di oliva**, **sale**

Spongata di Brescello

Portate a bollore il miele con 3 cucchiai di vino bianco, lasciate cuocere dolcemente per pochi minuti, togliete dal fuoco e incorporate le fette biscottate finemente sbriciolate e la frutta secca tritata. Profumate con un pizzico di cannella, uno di coriandolo, poca noce moscata grattugiata e pepe (1).

Riportate su fuoco dolcissimo e lasciate insaporire per 5 minuti, mescolando di continuo. Togliete dal fuoco e amalgamate al composto i canditi, i pinoli, l'uva passa, ammorbidita in acqua tiepida e strizzata, e un cucchiaio di brandy. Mescolate, coprite con un foglio di pellicola per alimenti e lasciate riposare la farcia preparata per un giorno intero.

1. *Amalgamate al miele la frutta secca e le spezie.*

2. *Impastate la farina con zucchero, burro, olio e vino bianco.*

TEMPO DI PREPARAZIONE:
1 ora e 20 minuti + 24 ore di riposo

DIFFICOLTÀ:
alta

ABBINAMENTO CONSIGLIATO:
Colli Piacentini
Il Piriolo Malvasia Passito
di Azienda Vitivinicola Lusenti (PC)

Preparate la pasta: versate la farina a fontana sulla spianatoia; al centro raccogliete lo zucchero, il burro ammorbidito, un cucchiaio di olio e un pizzico di sale. Lavorate il composto con le mani, aggiungendo poco per volta tanto vino quanto ne occorre a ottenere una pasta consistente e omogenea (2). Stendetela in modo da ottenere 2 dischi del diametro di 20 cm ciascuno. Adagiate un disco su una placca da forno imburrata e infarinata e ricopritelo con la farcia preparata (3). Chiudete il dolce con il secondo disco, sigillate il bordo (4) e bucherellate la superficie con una forchetta, quindi spennellatela con poco olio. Cuocete la spongata in forno già caldo a 180 °C per circa 30 minuti. Sfornatela e lasciatela raffreddare prima di servirla, spolverizzata di zucchero a velo.

3. *Farcite un disco di pasta con il ripieno preparato.*

4. *Coprite con il secondo disco e sigillate i bordi.*

Nel 1454 venne inviata in dono al duca di Milano, Francesco Sforza, quella che veniva definita una "spongata de Berselo". Torta antichissima, dunque, oltre che, secondo la tradizione, di buon auspicio.

Spongata di Brescello

INGREDIENTI PER 6 PERSONE

PER LA PASTA FROLLA: 500 g di **farina**, 300 g di **burro**, 200 g di **zucchero**, 4 **tuorli**, la **scorza** di 1 **limone**, **sale**;
PER LA FARCIA: 250 g di **gherigli di noce**, 250 g di **miele**, **rum**, la **scorza** di 1/2 **limone**

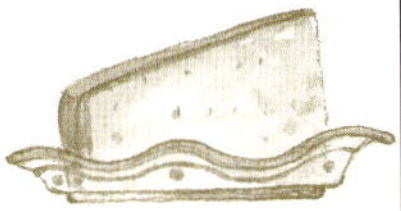

Torta bonissima

Tipicamente modenese, di probabile origine medievale, questa torta può essere ricoperta con cioccolato fondente o con glassa bianca di zucchero.

Preparate la pasta frolla: impastate la farina con il burro ammorbidito ridotto a pezzetti. Unite lo zucchero, i tuorli, la scorza di limone grattugiata e un pizzico di sale, quindi lavorate velocemente il tutto con le mani. Formate una palla, avvolgetela in un canovaccio e ponetela a riposare in frigorifero per 30 minuti. Nel frattempo, tritate grossolanamente i gherigli di noce, mescolateli con il miele e profumate con un bicchierino di rum e con la scorza di limone grattugiata.
Stendete la pasta frolla sulla spianatoia leggermente infarinata in modo da ottenere 2 dischi, uno dello stesso diametro dello stampo per crostate, l'altro più grande. Utilizzate il secondo per foderare il fondo e le pareti dello stampo, precedentemente imburrato, lasciando debordare la pasta eccedente, e farcite con il composto, livellando la superficie. Coprite con la restante pasta, sigillando lungo il bordo. Cuocete la torta in forno già caldo a 180 °C per 30 minuti. Sfornate e lasciate raffreddare prima di servire.

TEMPO DI PREPARAZIONE:
1 ora e 30 minuti

DIFFICOLTÀ:
media

ABBINAMENTO CONSIGLIATO:
Albana di Romagna Passito Colle del Re di Umberto Cesari (BO)

INGREDIENTI: 1 l di **latte**, 200 g di **riso**, 200 g di **zucchero**, la **scorza** di 1/2 **limone**, 100 g di **mandorle pelate**, 100 g di **cedro candito**, 6 **uova**, **pangrattato**, **maraschino**, **zucchero a velo**, **burro**, **sale**

Torta degli addobbi

Portate a bollore il latte con un pizzico di sale, un cucchiaio di zucchero e la scorza di limone grattugiata; versatevi il riso e fatelo cuocere finché non avrà assorbito tutto il latte. Lasciate raffreddare. Nel frattempo, tritate le mandorle, tagliate il cedro a dadini, sbattete leggermente i tuorli delle uova e montate a neve ben ferma gli albumi. Incorporate i tuorli al riso freddo, aggiungete il rimanente zucchero, le mandorle, il cedro e, infine, gli albumi montati, mescolando delicatamente. Imburrate e cospargete di pangrattato una tortiera di 25 cm di diametro. Versatevi il composto preparato e livellatelo. Cuocete il dolce in forno a 180 °C per circa 30 minuti, o fino a quando, infilando al centro uno stecchino, non ne uscirà asciutto. Sfornate la torta, irroratela con un bicchiere di maraschino, e lasciatela raffreddare prima di servirla, cosparsa di zucchero a velo.

Noto più semplicemente come "torta di riso", a Bologna questo dolce è tradizionalmente legato alla Festa degli Addobbi, la solenne celebrazione del Corpus Domini.

TEMPO DI PREPARAZIONE:
2 ore

DIFFICOLTÀ:
media

ABBINAMENTO CONSIGLIATO:
Ravenna Decimello Bianco Passito di Longanesi (RA)

INGREDIENTI: 5 dl di **latte**, 200 g di **zucchero**, 1 baccello di **vaniglia**, 4 **tuorli**, 1 dl di **alcol a 95°**, 1 dl di **Marsala**

Vov

Portate a bollore il latte con lo zucchero e la vaniglia, togliete dal fuoco e lasciate raffreddare. A parte, sbattete i tuorli, quindi unite l'alcol, versandolo a filo e continuando a mescolare, e il Marsala. Incorporate il composto di uova al latte ormai freddo, mescolate con cura e filtrate il vov prima di imbottigliarlo. Non occorre maturazione, ma è consigliabile agitare il liquore prima di servirlo.

TEMPO DI PREPARAZIONE:
1 ora

DIFFICOLTÀ:
media

ABBINAMENTO CONSIGLIATO:
per questa ricetta non è previsto alcun abbinamento.

Si tratta di una specialità del Ravennate; secondo alcuni tuttavia le origini del liquore sono da collocare a Padova.

INGREDIENTI PER 6 PERSONE: 200 g di **savoiardi**, 6 dl di **latte**, 4 **tuorli**, **zucchero**, 50 g di **farina**, **cacao**, **rum**, **alchermes**

Zuppa inglese

Fate scaldare 5 dl di latte. In una ciotola sbattete i tuorli con 3 cucchiai di zucchero, unite la farina e stemperatela. Unite a filo il latte caldo, mescolando di continuo, trasferite il composto in una casseruola e portate a ebollizione, continuando a mescolare; lasciate addensare la crema per 3 minuti. In una casseruola mescolate 3 cucchiai di latte con 4 cucchiai di cacao e uno di zucchero, portate su fuoco dolce e fate sciogliere il cacao mescolando. Dividete la crema di uova in 2 parti uguali; in una incorporate il composto di cacao. Preparate una bagna diluendo in mezzo bicchiere di acqua mezzo bicchiere di rum e mezzo di alchermes. Rivestite uno stampo rotondo a pareti lisce, foderato di pellicola per alimenti, con parte dei savoiardi leggermente intrisi nella bagna. Versate nello stampo la crema al cacao, copritela con uno strato di biscotti imbevuti, quindi completate con la crema gialla. Sovrapponete un secondo strato di savoiardi inzuppati. Coprite il recipiente con un foglio di pellicola per alimenti e passate in frigorifero a rassodare per 12 ore. Capovolgete la zuppa inglese sul piatto da portata e servitela fredda.

TEMPO DI PREPARAZIONE:
1 ora + 12 ore di riposo

DIFFICOLTÀ:
media

ABBINAMENTO CONSIGLIATO:
per questa ricetta non è previsto alcun abbinamento.

Prodotti e vini dell'Emilia-Romagna

Prodotti DOP e IGP

ACETO BALSAMICO TRADIZIONALE DI MODENA DOP
ACETO BALSAMICO TRADIZIONALE DI REGGIO EMILIA DOP
ASPARAGO VERDE DI ALTEDO IGP
COPPA PIACENTINA DOP
COPPIA FERRARESE IGP
COTECHINO MODENA IGP
CULATELLO DI ZIBELLO DOP
FUNGO DI BORGOTARO IGP
GRANA PADANO DOP
MARRONE DI CASTEL DEL RIO IGP
MORTADELLA BOLOGNA IGP
OLIO EXTRAVERGINE DI OLIVA COLLINE DI ROMAGNA DOP
OLIO EXTRAVERGINE DI OLIVA DI BRISIGHELLA DOP
PANCETTA PIACENTINA DOP
PARMIGIANO-REGGIANO DOP
PERE DELL EMILIA-ROMAGNA IGP
PESCA E NETTARINA DI ROMAGNA IGP
PROSCIUTTO DI MODENA DOP
PROSCIUTTO DI PARMA DOP
PROVOLONE VALPADANA DOP
SALAME PIACENTINO DOP
SALAMINI ITALIANI ALLA CACCIATORA DOP
SCALOGNO DI ROMAGNA IGP
VITELLONE BIANCO DELL'APPENNINO CENTRALE IGP
ZAMPONE MODENA IGP

Vini DOC, DOCG e IGT

ALBANA DI ROMAGNA DOCG
BIANCO DI CASTELFRANCO EMILIA IGT
BOSCO ELICEO DOC
CAGNINA DI ROMAGNA DOC
COLLI BOLOGNESI DOC
COLLI BOLOGNESI CLASSICO - PIGNOLETTO DOC
COLLI DI FAENZA DOC
COLLI DI IMOLA DOC
COLLI DI PARMA DOC
COLLI DI RIMINI DOC
COLLI DI SCANDIANO E DI CANOSSA DOC
COLLI PIACENTINI DOC
EMILIA O DELL'EMILIA IGT
FORLÌ IGT
FORTANA DEL TARO IGT
LAMBRUSCO DI SORBARA DOC
LAMBRUSCO GRASPAROSSA DI CASTELVETRO DOC
LAMBRUSCO SALAMINO DI SANTA CROCE DOC
MODENA O PROVINCIA DI MODENA IGT
PAGADEBIT DI ROMAGNA DOC
RAVENNA IGT
REGGIANO DOC
RENO DOC
ROMAGNA ALBANA SPUMANTE DOC
RUBICONE IGT
SANGIOVESE DI ROMAGNA DOC
SILLARO O BIANCO DEL SILLARO IGT
TERRE DI VELEJA IGT
TREBBIANO DI ROMAGNA DOC
VAL TIDONE IGT

Indice delle ricette